# Splendor Solis

Attribué à Salomon Trismosin

**Traduction et annotations
par
Jean Delart**

ISBN 978-2-8052-0391-6
EAN 9782805203916
© 2018 Jean DELART
jean.delart@netcourrier.com

# Préambule

Le SPLENDOR SOLIS est un traité alchimique du XVI$^{ème}$ siècle, en allemand, célèbre par sa série d'illustrations. Le plus ancien manuscrit connu, incomplet, remonte aux années 1532-1535, et se trouve au Kupferstichkabinett du Staatliche Museen, à Berlin. Il existe une vingtaine de copies répertoriées, postérieures à ce document, ne découlant pas nécessairement de la même source. Celle qui a servi de base à notre travail de traduction est un manuscrit enluminé datant de 1582 conservé à Londres, à la British Library, sous la référence MS Harley 3469. Le texte original, disparu, est attribué au renommé Salomon Trismosin, présenté comme le précepteur de Paracelse. Toutefois, les variations de style entre les différentes parties de l'ouvrage trahissent une probable pluralité d'auteurs.

Par ailleurs, la première édition imprimée, plus tardive (Rorschach, Suisse, 1598), se trouve incluse dans un recueil alchimique plus vaste intitulé AUREUM VELLUS (La Toison d'Or). Le texte est un florilège d'auteurs plus anciens, et la partie qui nous occupe en constitue le troisième traité (lui-même subdivisé en sept traités).

Le SPLENDOR SOLIS fut réédité plusieurs fois sous différentes formes, et traduit, par exemple en français dès 1612 sous le titre "LA TOYSON D'OR OU LA FLEUR DES THRESORS", mais dans un style rébarbatif et non exempt d'erreurs. Un effort de traduction de meilleure qualité fut entrepris par Bernard Husson et publié en 1975 par les Editions Retz, dans la Collection BIBLIOTHECA HERMETICA dirigée par René Alleau, en se basant sur une version

différente de la nôtre : celle imprimée à Rorschach. Nonobstant un travail remarquable, cette dernière traduction nous a laissés insatisfaits.

La lecture d'un manuscrit en gothique demandant un certain entraînement, nous vous présentons dans ce volume une retranscription en caractères plus aisément lisibles. Bien que nous ayons conservé le célèbre "ß" (eszett) et quelques autres ligatures, nous avons unifié la graphie des lettres "r", "u" (à distinguer du "v" homoglyphe), et surtout le "s" qui présente pas moins de quatre graphies, dont une très allongée (ſ) pouvant être aisément confondue avec "f" ou "t". Dans le même esprit, nous avons ajouté, sous forme d'un exposant, les lettres manquantes en fin de ligne (généralement la lettre "n") dont l'absence était signalée par un trait horizontal chapeautant la lettre précédente.

Signalons encore que dans l'ancienne graphie, l'usage des majuscules n'était pas strictement normalisé comme en allemand actuel. On s'attendrait à retrouver celles-ci en début de phrase ou comme initiale des substantifs et noms propres ; ce n'est en rien systématique ! Par exemple, les mots ding (chose) ou khunst (art) débutent très rarement par une majuscule. Par contre, ces dernières ne sont pas rares en début de maints adjectifs, pronoms, prépositions, conjonctions ou adverbes ! Les majuscules marquent aussi les débuts de phrases, mais il n'est pas toujours aisé de découvrir où commencent celles-ci dans ce texte presque continu, d'un style proche du langage oral. Pour finir avec ces difficultés de décryptage, rappelons encore que les majuscules prennent très rarement le tréma (Umlaut) attendu, et que les lettres I et J sont graphiquement absolument identiques.

La forme du langage a certes évolué en près d'un demi-millénaire, ce qui rend la traduction parfois difficile. Toutefois, dans la mesure où notre décryptage restitue correctement la pensée de l'auteur, nous avons trouvé le fond d'une actuelle pertinence.

Le manuscrit Harley 3469 est, de toute évidence, l'œuvre de plusieurs copistes. Cela se voit aux différents tracés d'une même lettre, selon les pages. Il est manifeste que plusieurs personnes se sont relayées pour retranscrire un texte plus ancien, à l'époque déjà probablement endommagé par endroits puisque certains mots donnent l'impression d'être mal employés, ou devinés, suggérant des passages mal lisibles que d'opiniâtres copistes ont tenté vaille que vaille de restituer au mieux. Il est même envisageable que plusieurs copistes aient travaillé en même temps, parallèlement, chacun ayant en charge un lot de pages du même recueil. C'est ce qui a pu causer cette bourde monumentale : l'interversion malencontreuse des pages 54 à 57 du manuscrit, que nous nous sommes ici permis de restituer dans le bon ordre.

Compte tenu de toutes les difficultés signalées ci-dessus, nous prions nos lecteurs de nous pardonner les erreurs qui auraient pu échapper à notre vigilance et à nos multiples relectures pourtant méticuleuses. L'Allemand moderne, fourni en plus de notre traduction en Français, n'a aucune prétention littéraire ; son objet est limité à la réactualisation du langage originel afin de faciliter la lecture du manuscrit, et de justifier certains choix entre plusieurs acceptions possibles.

Afin de modérer le coût éditorial, les images contenues dans le présent ouvrage ne sont pas reproduites en couleurs. Les lecteurs désireux de se délecter de leur chatoiement pourront les retrouver, en même temps que les pages du texte complet, sur le site Internet de la British Library à cette adresse :

http://www.bl.uk/catalogues/illuminatedmanuscripts/record.asp
?MSID=7881&CollID=8&NStart=3469

# Structure du Splendor Solis

**Der Viertte Tractat** (4<sup>ème</sup> Opuscule)

Introduction de cet opuscule, contenant

Erstlich (Premièrement) - Non titré

Fig. 12 ----------- Ampoule : enfant activant le feu d'un dragon

Zum Andern (Secondement)

Fig. 13 ---- Ampoule : combat de 3 oiseaux (noir, blanc, rouge)

Zum Dritten (Troisièmement)

Fig. 14 ------------------- Ampoule : oiseau à 3 têtes couronnées

Zum Vierten (Quatrièmement)

Fig. 15 ----- Ampoule : dragon à 3 têtes (noire, blanche, rouge)

Zum Funften (Cinquièmement)

Fig. 16 <sup>(*)</sup> ------------------------------------- Ampoule : Paon

Zum Sechsten (Sixièmement) <sup>(*)</sup>

Fig. 17 <sup>(*)</sup> ---------------- Ampoule : Reine blanc-bleu rayonnante

Zum Sibenden (Septièmement) <sup>(*)</sup>

Fig. 18 <sup>(*)</sup> ----------------- Ampoule : Roi rouge rayonnant

**Auctor der dreier Wort** (titre inopportun, car le texte est dans la continuité du sujet précédent)

Vier kurze Artikel (Quatre courts articles)

Das Erst (Premier)

Fig. 19 ------------------------------------- Soleil noir

Das Ander (Second)

Fig. 20 ------------------------------------- Jeux d'enfants

Das Dritte (Troisième)

Fig. 21 ------------------- Femmes au travail : Lessive

Das Viertt (Quatrième)

Fig. 22 ------------------ Soleil levant sur un territoire obscur

Von der Regirung des Feuers (Du régime du feu)

**Der funfst Tractat** (5<sup>ème</sup> Opuscule)

**Der Sechst Tractat** (6<sup>ème</sup> Opuscule)

**Der Sibent Tractat** (7<sup>ème</sup> Opuscule)

**Beschlus Rede** (Conclusion)

---

(*) Après rectification de l'ordre naturel des pages accidentellement interverties dans le manuscrit de Londres.

as gegenwirtig
Buechl wirt ge=
nannt Splendor
Solis adr Sonn
en glantz Taÿlt
sich in Siben Trac
tat durch wellich
beschriben wirt die
thunstlich Wirck
ung des verporgnë

# Traduction annotée
# du
# Splendor Solis

Sur base du manuscrit daté de 1582
conservé à la British Library de Londres
sous la référence M.S. Harley 3469.

as gegenwürtig Buechel wirt genannt Splendor Solis oder Sonnen glantz Tayltt sich in Siben Tractat durch wellich beschriben wirt die khunstlich Wurckung des verporgne" stains der Alten Weisenn. Wiewol alles so die Natur erbordert klärlich zubolbri"gen das gantz Werckh inn denen begriffen wirt unnd mit sambt allen mitln der zugelegten ding. Nach dann ist sich khainem darauf zubersehen die Haimlichkait der Edlen khunst aus aignem verstannd zuergreiffen.

as gegenwärtige Buch wird "Splendor Solis" oder "Sonnen Glanz" genannt, teilend sich in sieben Traktaten, durch welche die künstliche Wirkung des verborgenen Stein der Alten Weisen, beschrieben wird. Obwohl, so die Natur deutlich erfordert, alles das ganze Werk zu vollbringen in denen einbegriffen wird, und mit samt allen Mitteln der zugelegten Dinge. Nachdem kann niemand sich mißverstehen, die Heimlichkeit der edleren Kunst aus eigenem Verstand zu ergreifen.

e présent livre a été intitulé "Splendor Solis" ou "Gloire du Soleil"[1], se subdivisant en sept opuscules[2], à travers lesquels a été décrite l'œuvre artistique de la Pierre cachée des Anciens Sages[3]. Quoique, comme la nature le nécessite clairement, tout ce qui est nécessaire pour accomplir l'œuvre en entier a été inclus dans ceux-ci, et avec, sans exception, tous les expédients des choses à ajouter. Après quoi, personne ne peut se tromper[4] sur le caractère secret du Noble Art, à saisir par son propre entendement.

---

[1] Ou "Splendeur du Soleil", ou "Eclat du Soleil", ou encore "Brillance solaire", "Lustre du Soleil" selon les traducteurs, car le nom latin SPLENDOR a plusieurs acceptions : éclat, brillance, splendeur, somptuosité, magnificence, gloire, honneur, célébrité, noblesse, etc.

[2] "Tractat" : faux ami, se traduisant adéquatement par "opuscule" (petit ouvrage), mot dérivé du latin "OPVS" signifiant (entre autres) "œuvre". Le Grand-Œuvre étant précisément le thème central du présent... "ouvrage" !

[3] "Weis" = "sage" ou "mage", mais "Weise" signifie aussi "méthode", "façon de faire", renvoyant ainsi à l'adjectif "künstlich" (artistique). La majuscule de "Alten" nous fait opter pour "Sages", mais un fin jeu de mots permettrait de combiner les divers sens : "les Anciens Mages Sages travaillant selon l'ancienne façon de faire (= la Tradition)".

[4] Le texte originel utilise un verbe transitif indirect "sich auf etwas versehen" ("se tromper"). En allemand moderne, "jemanden mit etwas versehen" signifie "munir quelqu'un de quelque chose", d'où notre transposition en "sich mißverstehen". Toutefois, la forme substantivée du verbe subsiste : "das Versehen" (la méprise).

Arma Artis

12

# Volgt Erstlich die Vorred in dises Buchl.

# Folgt erstens das Vorreden in diesem Buch

# Avant-propos[5]

---

[5] Littéralement : "Suit, premièrement, l'avant-discours dans ce livret". Ce seul exemple suffit à montrer la nécessité de parfois s'éloigner d'une traduction au mot à mot.

**Alphidius Ainer der Alten Weisen spricht.** Einem Jeden der Jme nit mag fürnemen zu überkhomen die khunst des Stains der Philosophi. Dem ist mer nüß, das er sich nichts darinn übe dann das er etwas versuech. Dergleichen redet Rasis im Puechlein des Liechts der Liecht. Es ist sich allen mit bleis zuberhuetten, Ich ermane sie auch Hiemit[10] am Hechsten, das sich niemand vermesse zuberssteen die unerkhant vermischung der Element, Unnd das wil Rosinus sprechent, Alle die sich einlassen in dise khunst und mengeln des verstannds unnd erkanntnüs der ding so die Philosophi in Jre Püecher geschriben haben, die Jrren unzelich. Dann[14] die Philosophi haben diser khunst grund gesetzt in ain Natürlichen anfanng aller verborgner Würckung Wiewoll es ist Offenbar, das alle Leibliche ding Jrenn Ursprung. Stand Wesen nemen, aus der Erdenn, nach Ordnung der Zeit, so die Einflus der gestirn oder Planeten, Als da sein Sonn, unnd Mon, und die anndern, mit sambt den vier Qualiteten der Element die sich one unnderlas bewegen darein wirkhen. Dardurch herfurgebracht werden, aller und jeder Wachsender, unnd geberender

Alphidius, Einer der Alten Weisen spricht: Derjenige unter Ihnen, der nicht mag vornehmen der Kunst des Steins der Philosophen zu überkommen, ist es ihm mehr nützlich, daß er darin nichts übe dann dass er etwas versucht. Dergleichen redet Rasis im Büchlein des Lichts der Lichter[9]. Ich ermahne Sie auch damit am höchsten, dass niemand sich vermißt, die unerkannte Vermischung der Elemente zu verstehen, und das will Rosinus sprechen. Alle die sich auf diese Kunst und an die Erkenntnis der Dinge einlassen, so haben die Philosophen in ihren Büchern geschrieben, mangeln, die irren unzählig. Denn[14] haben die Philosophen dieser Kunst in einem natürlichen Anfang allen verborgenen Wirkungen grundgesetzt, obwohl es offenbar ist, daß alles leibliches Ding ihrer Ursprung, stand Wesen der Erde nach der Ordnung der Zeit ausnehmend, so der Einfluß der Gestirn oder Planeten, als da sein Sonn und Mond und die Anderen mit den versammelten vier Qualitäten der Elemente, die sich ohne Unterlaß bewegen, darein wirken. Dadurch alles und jedes wachsendes und gebärendes Dinge

Alphidius, un des Anciens Sages, dit : "Celui d'entre vous qui n'envisage pas de s'accaparer l'Art de la Pierre des Philosophes[6], il lui est plus utile de ne pas s'exercer en ce domaine que d'essayer[7] quoi que ce soit". Comme le dit pareillement Rasis[8] dans le petit livre "La Lumière de la Lumière"[9]. Je vous mets en garde au plus haut point à ce sujet[10], à savoir que personne ne doive se tromper en omettant de comprendre la fusion des éléments inconnus ; et c'est ce que Rosinus[11] veut dire. Tous ceux qui s'engagent dans cet art et manquent d'entendement[12] et de con-naissance de la chose, comme l'ont écrit les philosophes dans leurs livres, ceux-ci errent[13], innombrables. Car[14] les philosophes ont donné à cet art, en un commencement naturel, un fondement aux effets tout cachés (bien qu'il soit évident que toutes ces choses corporelles aient leur origine dans l'exceptionnel[15] état de la terre[16]) conformément à la règle du temps ainsi qu'à l'influence des constellations et des planètes (comme le Soleil et la Lune et les autres) qui, assemblées aux quatre qualités des éléments, agissent en se déplaçant sans

---

[6] Le texte ancien emploie le mot latin "Philosophi", pluriel de "Philosophus".

[7] Le verbe "versuchen" signifie essayer, dans le sens de "chercher à obtenir un résultat". À différencier de "probieren" qui signifie "expérimenter, tenter".

[8] Parfois orthographié "Rhasis" : Fakhroddîn Râzî (Fakhr ad-Dîn ar-Râzî Amoli), théologien musulman de rite chaféite, né à Ray (Perse) vers 1150, et mort en 1210.

[9] Allusion à son ouvrage connu "Das Licht der Lichter" (La Lumière des lumières).

[10] Doute : "Hiemit" ou "Diemit". Nous avons choisi ce dernier par logique contextuelle.

[11] Eventuellement Johannes Rosinus (c. 1550-1626), mais plus vraisemblablement Zosime de Panopolis (variante patronymique assez utilisée à cette époque-là).

[12] Le nom "Erkenntnis" se traduit par "connaissance" (au sens philosophique : le savoir par l'entendement).

[13] Le verbe "Irren" signifie "errer" ; "sich irren" signifie "se tromper". Ici, le texte original souligne les errements de la raison.

[14] Le texte original utilise "dann" indifféremment pour les actuels "dann" et "denn".

[15] Le verbe "Ausnehmen" signifie "vider, eviscérer", hors-sujet dans ce contexte. L'adverbe "ausnehmend" (extraordinairement, exceptionnellement) est plus adéquat. Le verbe correspondant à cet adverbe n'existe pas ou a dévié de son sens.

[16] Etat exceptionnel car, à l'origine, celui de la Terre correspondait à celui de l'Être Suprême, fondement de tout, quoique caché par les effets de l'action de la Nature.

ding, aines Jeden sonderlich geschlecht, unnd gestallt in aigner
Substantz, alß dann solliches im anfanng der beschaffung von Gott dem
Erschaffer, geschafft, unnd gesetzet worden. Demnach nemen auch alle
Metal Iren begin aus der Erden, in ainer sonndern, unnd aigne" Materi
zesam geflossen aus den vier Aigenschafften der vier Element, mit
Einpflantzung der Metallischen krefft, unnd Ire sämlichkait von den
einflüssen der Pla"eten darauf, diennend. Alls solliches wol beschreibt der
Natürlich Maister Aristoteles am vierdtenn Buech Metheorum, da er Redt
wie das Quecksilber sei ain gemaine Materi aller Metall. Aber es ist
zewissen, das in der Natur da s erst ist die Materi zusamen gehauffet, aus
den Vier Elementen Allain nach erkanntnus, unnd Aigenschaft der Natur,
dieselben materi haissen die Philosophi Mercurius, oder Quecksilber, Wie
aber diser Mercurius durh die Wurckhung der Natur zu einer volkhomen
Form des Golds, Silbers, oder der anndern metall khombet, ist nit not
alhie Zewissen. Es beschreibens die natürliche" Lerer genuegsam in Iren
Püechern. Auf solches ist gesetzt, unnd gegrundt die khunst des Stains

hervorgebracht werden, eines jedes sonderliches Geschlecht und in
eigner Substanz gestanden, als dann solches am Anfang der Beschaffung
vom Gott dem Erschaffer und gesetzt worden. Demnach nehmen alle
Metalle auch ihren Beginn aus der Erde, in einer sonderlicher und
eigener Materie, aus den vier Eigenschaften der vier Elemente mit
Einpflanzung der metallischen Kraft, zusammen fließend, und ihre
Sammlung von den Einflüssen der Planeten, darauf dienend. Alles
solches beschreibt wohl der natürliche Meister Aristote im vierten Buch
"Meteoren", in dem er redet, wie das Quecksilber eine gemeine Materie
aller Metalle sei. Aber es ist gewußt, daß in der Natur, erst die Materie
aus den vier Elementen zusammen-gehalten ist. Allein nach der
Erkenntnis und der Eigenschaft der Natur derselben Materie heißen die
Philosophen Mercurius oder Quecksilber. Wie aber dieser Mercurius
durch das Werk der Natur zu einer vollkommen Form des Goldes,
Silbers oder das andere Metall kommt, ist nicht hier zu wissen. Die
Lehrer der Natur beschreiben es genugsam in ihren Büchern. Auf

cesse à l'intérieur. Par ce moyen, toutes et chacune des choses croissantes et fécondes sont engendrées, d'un genre[17] particulier, et établies dans leur propre substance, comme au début de la création de Dieu le Créateur, et ainsi posées. Par conséquent, tous les métaux tirent aussi leur origine de la terre, dans une étrange matière qui leur est propre, découlant ensemble des quatre propriétés[18] des quatre éléments et de l'implantation du pouvoir métallique, et servant à leur recueil des influences des planètes, comme le décrit bien le maître naturaliste Aristote dans le quatrième livre des « Météorologiques », dans lequel il écrit que le mercure[19] est une matière commune[20] à tous les métaux. Mais il faut savoir que, dans la nature, primordialement, la matière s'est agglutinée à partir des quatre Éléments. D'après la connaissance et la propriété de la nature, et uniquement d'eux, cette même matière, les Philosophes l'appellent Mercurius, ou Mercure. Mais comment ce Mercurius aboutit à une forme accomplie d'Or, d'Argent ou un autre métal, n'a pas à être su ici ; les professeurs de la nature le décrivent

---

[17] Le nom "Geschlecht" renvoie précisément au genre sexué (masculin/féminin) et non à l'approximation "un genre de", "une sorte de".

[18] "Eigenschaft" signifie "propriété, qui est possédé en propre" tant concernant un bien, un terrain, un bâtiment, mais aussi une propriété d'une matière chimique.

[19] "Quecksilber" signifie "mercure", mot formé au départ de "Quecke" (chiendent) et "Silber" (argent). L'équivalent anglais "quicksilver" se traduisait lui aussi naguère par "vif-argent" (argent vivant autant que très mobile). La "matière commune à tous les métaux" dont question ici n'est évidemment pas le corps chimique Hg (métal liquide brillant), mais un principe bien plus fondamental.

[20] Notez que l'adjectif "gemein" a plusieurs acceptions : "commun, ordinaire", "vil, infâme, abject, sale".

der Philosophi, dann sie hat Jren anfanng in der Natur. Daraus volgt auch ein Natürlich ende in gerechter Form, durch gerechte natürliche mittl.

solches ist die Kunst des Steins der Philosophen gesetzt und gegründet, denn hat sie ihren Anfang in der Natur. Darauf folgt ein natürliches Ende in der gerechten Form durch gerechte natürliche Mittel.

suffisamment[21] dans leurs livres. Sur ceci est basé et fondé l'Art de la Pierre des Philosophes, car elle a son commencement dans la Nature. De là s'ensuit un épilogue naturel, dans une forme juste, via des moyens naturels adéquats.

---

[21] L'adverbe "genugsam", formé sur l'adverbe "genug" (assez, suffisant), peut prêter à confusion car, par évolution de la langue, il donne en allemand actuel l'adverbe "genügend" (suffisamment), par ailleurs participe présent du verbe moderne "genügen" (suffire) ; à ne pas confondre avec l'adjectif "genügsam" (peu exigeant, sobre, frugal).

# Hernachvolgt zureden vom ursprung des Stai"s Der Alten Weisen, unnd wie der mit kunst volpracht wirt.

## Der Erst Tractat.

Folgt hernach das Zureden vor Ursprung des Steins der Alten Weisen und wie der mit Kunst vollgebracht wird.

## Der erste Traktat

Ci-après, l'exhortation sur l'origine de la pierre des Anciens Sages et comment ceci fut accompli avec art.

## Premier opuscule

Diser Stain der Weisen wirdet fürbracht durch den weeg der grüenenden
Natur, davon Redet Hali, der Philosophus Sprechent. Diser Stain geet auf
sam Wachsende, unnd grüenende ding, Wann warumb gronen ist wider
hinder sich gebracht, auf die Natur, Dardurch ein ding broset u$^n$d
herkhombt unnd grüenen wirt, in seiner vorgeordneter Zeit. Auf das
mues man es durch den weeg u$^n$d Haimlichkait der kunst khochen, unnd
feüln. Also das man durch kunst der Natur Hilf thue, die kocht dan unnd
feült für sich selbs bis solanng das sie Jrer zeit die Rechte Form gibt,
unnd die khunst ist nichts, dan ein schikherin, unnd ein beraitterin der
Naturen der Materi, die der Natur auf ain solliches werkh gezimet, darzue
auch die zimblichen gefeß unnd mahß der Würckhung mit vorbetrachter
klughait. Wann als wenig die kunst fürnimbt von neuen anfanng Gold,
oder Silber zemachen, so sie die ersten anfenng den dingen nit geben mag.
Also ist auch unvonnöten das mann der khunst suech die naturlichen stet
unnd grüfft der Mineralien, als sie haben in der Erden, Jnn Jrem ersten
Anfanng. Die kunst hat einen anndern weg und deutu$^n$g unnderschiedlich

Dieser Stein der Weisen wurde durch den Weg der grünenden Natur
hervorgebracht, davon Hali der Philosophen redet, sprechend, dieser
Stein geht auf Same, wachsende und grünende Dinge, deshalb, wann
das Grünen wieder hinter sich auf die Natur gebracht ist, dadurch
brodelt ein Ding und herkommt, und das Grünen wird zu gegebener
Zeit. Auf das muß man es durch den Weg und die Heimlichkeit der
Kunst kochen und faulen. Also tut man das durch die Hilfe der Kunst
der Natur, die kocht dann und fault für sich selbst, bis solange, daß sie
ihrer Zeit die richtige Form gibt, und die Kunst ist nichts, dann eine
Bearbeiterin und eine Helferin der Naturen der Materie, die der Natur zu
einer solchen Werk paßt, dazu durch die ziemlichen Gefäße und Maße
der Wirkung mit vorbetrachten Klugheit. Als wann wenige die Kunst
von Gold und Silber unternehmen zu machen, so mögen sie die ersten
Anfänge der Dinge nicht geben. Also ist es auch unnötig, das man in
den natürlichen Stätte und Gruft die Mineralien sucht; sie haben in der
Erde ihren ersten Anfang. Die Kunst hat einen anderen Weg und

Cette Pierre des Sages fut produite par la voie de la verdoyante Nature, dont parle de philosophe Hali[22] en disant : « Cette pierre pousse d'un germe, chose croissante et verdissante ; c'est pourquoi, lorsque le verdissement reflue[23] de par la nature, ainsi une chose bouillonnera et viendra et verdira en temps voulu[24] ». Il en découle qu'on doive, par la voie et le secret de l'Art, cuire et putréfier. Ainsi, par l'Art, on aide la Nature, qui cuit alors et putréfie d'elle-même jusqu'à ce que le bon délai lui donne la forme correcte (et l'Art n'est rien d'autre qu'un adaptateur et un préparateur des natures de la matière), jusqu'à ce qu'un tel ouvrage convienne à la Nature ; aussi, pour cela suffisent[25] des vases et des mesures [26] du résultat, avec un bon sens prévoyant[27]. Alors que tellement peu entreprennent l'Art, et, dès le tout début, le font dans le dessein de fabriquer de l'or ou de l'argent, alors ne doit-on pas leur donner les premiers rudiments des choses. Aussi est-il également inutile qu'on recherche l'Art en des lieux et caves naturels puisque les minéraux ont leur prime origine dans la terre[28]. L'Art a une autre voie et

---

[22] Philosophe et roi d'Arabie.

[23] Difficile de trancher entre "wider" (contre) et "wieder" (de nouveau), ce qui donne un sens différent à la phrase. Nous avons opté pour l'idée d'un obstacle naturel à la croissance végétale (ex. : gel printanier tardif).

[24] L'adjectif "vorgeordnet" signifiait "prévu antérieurement", mais devient en allemand moderne, pour l'expression "en temps voulu" : "gegeben"

[25] L'adjectif "ziemlich" exprime la suffisance non quantifiée, contrairement à "genug".

[26] Bien que dérivant du verbe "messen", "Mass" indique une mesure non quantifiée tandis que "messen" se rapporte à une mesure précisée.

[27] "Die Vorbetrachtung" contient la particule "vor" (avant) et le nom "die Betrachtung" (la représentation), impliquant un concept de préexistence de l'idée.

[28] Contradictoire au premier abord, cette phrase est très pertinente si l'on y réfléchit bien.

von dem weg der Natur, unnd darum hat sie auch unnderschiedlichen Werchzeug, Unnd demnach geburt auch die kunst aus den vorgeenden Naturlichen, unnd wurtzenlichen anfenngen der Natur sonnderliche ding, welche die natur durch sich selbs nimer mehr geberen mecht, Dann die Natur mag durh sich selbs nit geberen die ding durch welche die Metal von der natur unvolkhomen geborrn mechten eilend unnd Augenplickh volkhomen gemacht werden. Aber durch haimlichait der kunst aus zimblicher Materi geborrn durch die Natur. Diennend die Natur der kunst, unnd herwiderumb die kunst der Natur mit zimblichem Werckzeug, unnd mit maß solcher würkung unnd weis, so der Natur bequem ist. das ein solche forma gemacht wirdet, Unnd wiewol das mues mit kunst zuegeen, das der Obgemelt Stain zu seinerr forma durch kunst kumbt, Noch dann ist die Forma vo" der Natur, dann ein Jedliche wesentliche Forma aines Jeden dings, Es sei Tierlich, wachsend, oder Metalisch die entsteet aus Innerlicher macht der Materi, an allain die me"schlich Seel. Aber es ist zumerckhen das die Wesentlich Form nit entsteen mag in der Materi, es

Bedeutung, unterschiedlich von dem Weg der Natur und darum hat sie auch unterschiedliche Werkzeuge, und demnach gebührt auch die Kunst aus den vorgehenden natürlichen, und grundlegenden Anfängen der Natur, besonderes Ding, welches die Natur durch sich selbst niemals die Dinge gebären möchte. Denn die Natur mag durch sich selbst nicht geboren die Dinge durch welche die Metalle von der Natur unvollkommen geboren möchte, eilend in Augenblick vollkommen gemacht werden. Aber durch Heimlichkeit der Kunst gebären ziemlich Materien durch die Natur. Dienend der Natur die Kunst und her wiederum die Kunst der Natur mit ziemlichen Werkzeugen und mit Maße, für solche Wirkung und so Wissen, ist die Natur bequem, damit eine solche Form gemacht worden ist. Und obwohl das mit Kunst machen muß, kam der obige Stein zu seiner Form durch die Kunst. Noch dann ist die Form von der Natur eine wesentliche Form eines jeden Dings, wie es auch sei Tierlich, wachsend oder Metallisch, die aus innerlicher Macht der Materie entstehen, außerdem der menschlichen

une interprétation différentes de la voie de la Nature, et c'est pourquoi il emploie un outillage différent, et en conséquence l'art est aussi obligé de fondamentalement débuter par des choses particulières issues de la Nature, évoluant naturellement, et que la Nature n'aurait jamais pu engendrer par elle-même. Car la Nature ne peut pas par elle-même faire naître les choses par lesquelles les métaux de la Nature, nés imparfaits, peuvent, en se hâtant et en un instant, devenir parfaits[29]. Mais par le secret de l'Art, pas mal [30] de matière a été engendrée via la Nature. La Nature servant l'Art et, en retour, l'Art servant la Nature avec assez d'outils et avec mesure, une telle action et un tel savoir-faire rendent la Nature accommodante afin qu'une telle forme soit réalisée, et bien que cela doive être fait avec art, la susdite Pierre aboutit à sa forme par l'Art ; car, là encore, la forme est issue de la Nature puisqu'à chaque forme substantielle correspond sa propre chose [31] (qu'elle soit animale, croissante ou métallique), elle qui constitue la force interne de la matière, hormis l'âme humaine. Mais il est à remarquer que la forme fondamentale n'aime [32] pas se manifester

---

[29] L'adjectif "vollkommen" doit être ici compris dans le sens de "réalisé, abouti".

[30] L'adverbe "ziemlich" signifie "assez", dans le sens de "globalement suffisant".

[31] Nous sommes ici dans une conception platonicienne : les formes matériellement manifestées découlent d'une forme primordiale idéelle, non manifestée, préexistante. Un peu comme un plan d'architecte (idée) précède l'apparition d'une construction matérielle.

[32] Le verbe modal "mögen" doit être entendu ici dans le sens d'aimer, apprécier par goût. Si ce verbe étonne dans ce contexte, souvenons-nous d'expressions courantes qui attribuent un sentiment aux choses : "la nature a horreur du vide", "la nature n'aime pas les lignes droites", etc.

gescheche dann mit würckung ainer zubelligen Forma nit aus craft
derselben, sonnder aus der Crafft ainer anndern wurcklichen Substansß.
welliche ist das Feuer, oder ein anndere zuefellige wirm die würckht. das
nemen wir ein gleich"us von ainem Aÿ der Henn, in dem entsteet nit die
wesenlih forma des Huenles, an die zuefellig forma. die da ist ein
vermischung des Roten, unnd Weissen in Crafft der wirm so in das Aÿ
würket, das ist von der Brüettenden Hennen. Unnd wiewol das Aÿ ist die
Materi der henn, noch da" entsteet nit davon Sre Form, die wesentlich.
oder zuefelig. Dann durch die Feillung die geschicht mit Hilf der wirm.
Also auch in der Naturlischen Materi des obgemelten Stains entsteen nit
die zuefeligen, oder die Wesentlichen Form, an die Feülung, oder kochung,
wie aber dise Feülung ein geschicke hat.

Volgt Hernach.

Seele. Aber ist zu bemerken, daß die wesentliche Form in der Materie
nicht entstehen mag, dann geschieht es mit Wirkung einer zufälligen
Form nicht aus Kraft derselben sondern aus der Kraft einer wirklichen
Substanz, welche das Feuer oder eine andere zufällige Wärme, die
wirkt, ist. Da nehmen wir ein Gleichnis eines Eis der Huhn, in dem nicht
die wesentliche Form des Hühnchen entsteht ; ohne die zufällige Form,
die da eine Vermischung des Rots oder Weiß in Kraft der Wärme des
brütenden Huhnes ist, so wirkt in dem Ei, Und obwohl das Ei die
Materie der Huhn ist, noch dann entsteht nicht davon ihre Form, die
wesentlich oder zufällig ist. Dann durch die Fäulnis, die mit der Hilfe
der Wärme geschieht. Also auch in der natürlichen Materie der obigen
Steins entsteht nicht die zufällige oder die wesentliche Form, ohne das
Fäulnis oder das Kochen, wie aber in diese Fäulnis ein Geschick hat.

Folgt demnach,

dans la matière ; cela se produit par l'action d'une forme contingente, non pas de par sa propre force, mais de par la force d'une autre substance, réelle, laquelle est le feu, ou une autre chaleur fortuite, qui agit. Prenons la parabole[33] d'un œuf de poule, dans lequel ne se constitue pas la forme substantielle du jeune poulet, sans la forme accidentelle[34] qui est ici un mélange de rouge et de blanc où agit, à l'intérieur de l'œuf, la force de la chaleur provenant de la poule en train de couver. Et quoique l'œuf soit la matière de la poule, il n'en est pas encore apparu ni sa forme substantielle, ni l'accidentelle. Ensuite, par la décomposition, ceci se produit à l'aide de la chaleur. Donc, de même, dans les matières naturelles de la susdite Pierre n'apparaît la forme, ni accidentelle ni substantielle, sans la décomposition ou la cuisson, mais bien dans celles qui ont eu cette décomposition comme destin.

*Suit ci-après :*

---

[33] Le substantif "Gleichnis" se traduit par "parabole", du grec Παραβολή, dont le sens précis est "image littéraire, proche de la comparaison".

[34] Ici encore, conformément au concept grec antique, il y a lieu de distinguer la forme substantielle (idéelle, préconçue, existante quoique non manifestée) de la forme "accidentelle" (celle qui survient dans le monde matériel, sur base du schéma directeur qu'est la forme substantielle). Un peu comme l'information encryptée dans l'ADN définit la "forme fondamentale" de ce qui se concrétisera sous une "forme accidentelle".

## Die Feulung, oder Putrefactio,

geschicht etwo mit auswendiger Hiß in eim ding so die Natur Hiß oder Wirm aines dings das da feücht ist ausgezogen wirt. Es geschicht auch die Feülung geleicher maß von übriger kelten, so die Natürlich Hiß von kelten zerstört wirdet, das ist aigentlich ein ertottu"g. Dann ein jedlich ding enthelt sich von Natürlicherr Wirm, unnd geschicht entlich solche Feülung in Feuchte" dingen auf derlaÿ feülung Reden nit die Philosophi sonder ir feulung ist ain feuchtung. oder eintrenckung dardurch die trucknen ding zu Jrem vorigen standt komen. Auf das sie grüenen, unnd Wachsen mügen. Jnn der feülung wirdet die feüchtigkait mit der trukenhait verainigt. unnd nit zerstört. Also das die feüchte die truknen taill zusamen helt, und das ist aigentlich ein zerreibung. zerreibung. So aber die feucht gannß von dem trukhnen geschiden ist so werden vonnöten die trucknen taill geso"dert, unnd gekert in ainen Aschen, diese Jncineratio welen auch nit die Philosophi haben. Sonnder sie wellen das Jr feülung.

# Die Fäulnis oder Putrefactio

geschieht etwas mit auswendiger Hitze in einem Ding so die Natur die heiß oder warm eines Dings, das da feucht ist ausgezogen wird. Es geschieht auch das Fäulnis in gleichem Ausmaß übrige Kälte. So wird die natürliche Hitze von der Kälte zerstört werden. Das ist eigentlich eine Tötung. Denn jedes Ding enthält sich von natürlicher Wärme, und geschieht endlich solche Fäulnis in feuchten Dingen. Auf diese Fäulnis reden nicht die Philosophen sondern ihre Fäulnis ist eine Anfeuchtung oder Tränken, dadurch die getrunkenen Dinge zu ihrem vorigen Stand kommen. Auf das werden sie grün und mögen wachsen. In der Fäulnis wird die Feuchtigkeit mit der Trockenheit vereinigt, und nicht zerstört. Also hält die Feuchte der trockene Teil zusammen und das ist eigentlich ein Zerstoßen.So aber die Feuchte ist ganz von den Trocken geschieden, so werden nötig die trockene Teil gesondert, und in eine Aschen ge-kehrt. Diese Incineratio haben die Philosophen auch nicht gewählt,

# La décomposition, ou *Putrefactio*,

se produit par exemple à l'aide d'une chaleur plus extérieu-re[35] dans une chose ; ainsi la Nature chauffe, ou réchauffe, une chose d'où ce qui est humide en a été retiré. Il arrive aussi que la décomposition se produise dans la même proportion par le froid résiduel, de la même manière que la chaleur naturelle sera détruite par le froid. C'est, à vrai dire, une mise à mort ! Puisque chaque chose contient en elle-même de la chaleur naturelle, il se produit finalement une telle putréfaction dans les choses humides. De cette décomposition-là, les Philosophes n'en discourent pas ; cependant, leur décomposition est une humidification (ou abreuvement) par laquelle les choses sèches reviennent à leur état antérieur, au départ duquel elles peuvent verdir et croître. Lors de la décomposition, l'humidité s'associe à la sécheresse, mais ne la détruit pas ; de sorte que la partie humide et la partie sèche tiennent ensemble, et c'est, à vrai dire, un pilage[36]. Mais de cette façon, l'humide reste tout à fait séparé du sec ; aussi est-il nécessaire de séparer les parties sèches, et transformées en cendre.

---

[35] L'adjectif "auswendig" a aujourd'hui perdu ce sens premier, ne conservant actuellement que sa signification secondaire : "par cœur" (apprentissage). L'adjectif "inwendig", son contraire, existe toujours et signifie "à l'intérieur".

[36] Le texte originel utilise le mot "Zerreibung", formé sur le verbe "zerreiben" (piler, réduire en poudre, pulvériser), proche des verbes "zerreißen" (déchirer) et "zerstoßen" (piler, concasser, broyer).

Ir eintrenckhung zerreibung unnd Calcionirung also geschech, das die naturlich feüchte u<sup>n</sup>d trukhne miteinannder berainiget, bon überflüssiger Feüchtigkait gesundert unnd trucknet. Die zerstörlich sind ausgezogen werde, gleich als die Speis so ainem thier in Pauch komet gekhocht, unnd zerstört wirdet, und daraus gezogen die nerende crafft, unnd Feüchtigkait dabon die Natur enthalten, unnd gemeret wirdet, unnd Ire überflüssige taill abgesündert werde<sup>n</sup>. Aber Jedoch so wil ain Jedlich ding gespeist sein, nah aigenschafft seiner Natur, Das sol boraus in dem obgemelten Stain der Philosophi angemerkht sein.

sondern sie das ihren Fäulnis, Trocknen, Zerstoßen und Kalzinierung gewählt, also geschieht es, dass die natürlichen Feuchte und Trockne, miteinander vereinigt, von überflüssiger Feuchtigkeit gesondert und getrocknet, die Zerstörten sind ausgezogen werden ; gleich als die Speise einer Tier im Bauch gekocht, und zerstört wird, und daraus die nahrhafte Kraft gezogen wird, und Feuchtigkeit davon die Natur enthält, gemehrt wird und ihrem überflüssigen Teil abgesondert werden. Aber jedoch so will ein solcher Ding gespeist werden, nah die Eigenschaft seiner Natur, das soll voran in dem obenerwähnten Stein der Philosophie angemerkt sein.

Les Philosophes n'ont pas non plus choisi cette incinération, mais ils ont choisi que leur décomposition, leur dessiccation, leur pilage et leur calcination se produisent ainsi : que l'humide et le sec naturels soient associés l'un à l'autre, que l'humidité superflue soit isolée et séchée, que ce qui y est destructif soit retiré, comme la nourriture qui arrive dans le ventre d'un animal deviendra cuite et détruite, et en sera retirée la force nutritive, et l'humidité contenue dans la Nature sera augmentée, et sa partie superflue isolée. Mais cependant, pour qu'une telle chose devienne un repas, selon la propriété de sa nature, cela doit être préalablement remarqué dans la susmentionnée[37] Pierre des Philosophes.

---

[37] L'adjectif "obgemelten" (susdit, susmentionné, dont question ci-dessus) est construit sur base du participe passé du verbe "melden" (annoncer, communiquer) et du préfixe "ob-" (contraction de "oben" si accolé à un adj.) évoquant la hauteur, la supériorité, l'amont. Il n'est toutefois pas impossible qu'une erreur de copiste ait estropié le mot "abgemalten", générant une autre traduction, tout autant plausible : "cela doit être remarqué en priorité lors de la reproduction (copie) de la Pierre des Philosophes".

Ex duabus aquis unam facite. Qui quaeritis sanitatem nasci, aquam est date bibere inimico suum. Et videbitis eum mortuum. Deinde aquam rei facite. Et lapidem multiplicitis.

# Nun volgt meldung zethuen von der Materi der porgnen Natur des gesegneten Stains der Philosophi.

## Der Annder Tractat.

# Nun folgt Meldung zu tun, von der Materie der geborgten Natur, des gesegneten Steins der Philosophen

## Der andere Traktat

# Voici maintenant exposé comment faire, au départ de la matière empruntée à la nature, la Pierre bénie des Philosophes

## Second[38] opuscule

---

[38] Les auteurs allemands anciens utilisaient volontiers "annder" (autre) pour dire "second", conservé ici dans le sens de "deuxième", quoique signifiant aujourd'hui "deuxième sur deux".

Morienus Spricht. Ir solt wissen das sich das ganns werkh diser kunst in zwaien schiklichaiten endet unnd die hanngen aneinannder. Also so aine verricht ist das die annder anfanng, unnd volendet dann so ist die ganns Maisterschafft volkhomen aber sie begeben sich nit dann in Irer aigne" Materi, Solches aigentlicher zubernemen ist im ersten zewissen. Das die natur. Als Geber redet in seiner Sum von der schöpfung der Metall, würkt die Metall aus Quecksilber unnd Schwebel. Unnd das will auch Ferarius in der Frag von der Alchimia am funfundzwainßigisten Cap. Das die Ratur von anbegin der Metallen geburt nimbt Ir für ei" schleimig schwer wasser vermischt mit gar weisser behennder Schwebliger Erden die resolbiert das in ein Broden oder dunst unnd erhebt das in den Adern, oder grüften der Erden, kocht, oder deüet sie zuhauff festiglich, die feuchtigkait unnd truckenhait also miteinannder beraints bis daraus wirdet ain substanß die man nen"et Quecksilber, unnd das ist nun die Aigen unnd allernegst materi der Metall als auch oben gemelt ist. Darumb redet er abermals an dem Sechsundzwainßigisten Cap.

Morienus spricht, dass ihr weißen sollt, daß sich die ganze Werk dieser Kunst in zwei *Schicklichkeiten*[40] endet und die hängen einander. Also ist eine so verrichtet, eine andere anfängt, und so ist die ganze Meisterschaft vollgekommen aber sie begeben sich nicht dann in ihrer eigne Materie, solches ist eigentlich im ersten Gewissen zu vernehmen, daß die Natur, als Geber in seiner Summe von der Schöpfung Metall redet, wirkt das Metall aus Quecksilber und Schwebel. Und das will auch Ferarius in der Frage von der *Alchimia* am fünfundzwanzigsten Kapitel, daß die Natur von Anbeginn der Metallen Geburt, nimmt ihre für ein schleimiges schweres Wasser vermischt mit gar weißer behänder schwefliger Erde, die das löst in einem Sprudeln oder Dunst auf und erhobt das in den Adern oder Grüften der Erde, kocht, oder deutet sie zuhauf fest die Feuchtigkeit und Trockenheit also miteinander vereinigt, bis daraus eine Substanz, die man Quecksilber nennt, wird und das ist nun die Eigenschaft und allernächste Materie der Metall als auch oben gemeldet ist. Darum redet er abermals an dem sechsundzwanzigsten

Morienus[39] dit : vous devez savoir que l'entièreté de l'Œuvre de cet
Art s'achève en deux réactions[40] qui dépendent l'une de l'autre. Dès
lors que l'une est accomplie, l'autre commence, et ainsi tout le
Magistère[41] est parachevé. Mais elles ne se produisent pas, sinon au
sein de leur propre matière ; aussi faut-il, à vrai dire, pour
comprendre, savoir en premier que la Nature (comme le décrit
Geber dans sa "Somme de la Création des Métaux"[42]), produit les
métaux depuis le Mercure et le Soufre. Et c'est aussi ce que décrit
Ferarius dans "La Question de l'Alchimie", au vingt-cinquième
chapitre : que la Nature, depuis le début de la naissance des
métaux, leur choisit une visqueuse eau lourde mélangée à de la très
blanche terre vive sulfureuse[43], qui dissout[44] cela en un
bouillonnement ou une émanation, et élève cela dans les veines ou
les cavités de la terre, cuit, ou vous indique ainsi à quel haut niveau
de fermeté l'humidité et la sécheresse s'unissent l'une à l'autre
jusqu'à devenir une substance qu'on nomme Mercure, et c'est
maintenant la caractéristique[45], et la plus proche matière, du métal
(comme annoncé plus haut). Il en disserte à nouveau, au vingt-

---

[39] Ermite chrétien et alchimiste de la fin du XIIème siècle, qui aurait vécu dans les montagnes, non loin de Jérusalem.
[40] La signification de "Schicklichkeit" est examinée dans l'Annexe 2.
[41] Dans le jargon alchimique, le Magistère désigne couramment le Grand Œuvre achevé, mais le sens premier est parfaitement rendu par le mot allemand "Meisterschaft", car c'est bien d'une Maîtrise qu'il s'agit.
[42] Vraisemblablement l'ouvrage SUMMA PERFECTIONIS MAGISTERII IN SUA NATURA.
[43] C'est probablement cette eau visqueuse, d'aspect muqueux, mêlée à cette terre particulière qu'évoque Eugène Canseliet dans "L'Alchimie expliquée sur ses Textes classiques", chap. IV. Elle est dénommée Guhr par les minéralogistes et les mineurs, en hommage à Richard Guhr (1873 – 1956). Le Guhr est vu comme un indice assez sûr de la présence d'une mine métallique (Diderot, Encyclopédie).
[44] Le verbe "resolvieren", présent dans les très anciens dictionnaires, a aujourd'hui cédé la place à "auflösen" (dissoudre, résoudre, dissiper), exprimant dans le cas présent l'idée d'une dissolution, d'une désagrégation.
[45] Le nom "Aigen" se réfère ici à ce qui caractérise l'essence même des métaux, raison pour laquelle nous n'avons pas traduit ce mot par "propre" ni par "propriété", susceptibles d'être aujourd'hui mal interprétés dans ce contexte.

so er spricht. Die da wellen nachvolgen der Natur, die sollen nicht nemen Queckhsilber allain sonnder Quekhsilber unnd Schwebl miteinannder zuhauff gefüegt, nit des gemainen Queksilbers unnd Schwebels sonnder de" die Natur zuhauff gefüegt hat wolberait und wolgekocht in süesser flüssigkait in einem solchen Quecksilber hat die natur mit erster würckung angefanngen unnd geendet in ein Metallische Natur u"d damit hat sie aufgehört dann sie hat das ir volbracht, und also der kunst gelassen denselben zubolenden in einen bolkomen Stain der Philosophi. In den worten ist ainem kuntbar das welcher recht wil faren in diser kunst als auch alle Philosophi sagen. Der sol anheben da die Natur hat aufgehört, unnd sol nemen den Schwebel, unnd Quecksilber, den die Natur in der allerainesten form zuhauff gefüegt hat, wa"" in dem ist geschechen die gar behennd berainigung, die sonnst niemand, als durch die kunst beraitten mag, unnd das hat die Natur als umb der geberrung willen der Metallischen form, gethon. Aber dieselbig Materi, die also von der Natur informirt ist, kumbt zu guet der khunst umb der empfachung

Kapitel, so spricht er : Diese da nach der Natur folgen wählen, die sollen nicht Quecksilber allein nehmen sondern Quecksilber und Schwefel miteinander zuhauf gefügt, nicht die gemeinen Quecksilber und Schwefel sondern derselbe der Natur zuhauf gefügt hat wohl bereitet und wohl gekocht in süßer Flüssigkeit in einem solchen Quecksilber hat die Natur mit erster Wirkung angefangen hat und in eine metallische Natur geendet, und damit hat sie aufgehört, denn sie hat das ihr vollbracht und also die Kunst, derselben in einem vollkommenden Stein der Philosophie vollendet, gelassen. In diesen Wörtern ist es erkennbar, welcher Recht in dieser Kunst führen will, wie auch die Philosophie sagt, soll anheben, da die Natur zu aufgehört hat, und soll den Schwefel und den Quecksilber, die die Natur in der alle reinsten Form zuhauf gefügt hat, nehmen, wenn in dem die gar beendete Vereinigung geschehen ist, die weder niemand als noch die Kunst bereiten mag und das hat die Natur, um der Gebärung willen der metallischen Form, getan. Aber dieselbe Materie, die also von der Natur geformt ist, kommt

sixième chapitre, en ces termes : Ceux qui choisissent d'agir d'après la Nature ne doivent pas utiliser le Mercure seul, mais du Mercure et du Soufre abondamment agglutinés l'un à l'autre ; pas du Mercure ni du Soufre ordinaires, mais uniquement ceux que la Nature a assemblés en grande quantité, bien préparés et bien cuits en une plus douce fluidité. Dans un tel Mercure, la Nature a commencé par une première action et a terminé en une nature métallique, et s'est arrêtée là car ayant accompli sa part, et laissant donc l'Art s'achever de lui-même en une parfaite Pierre des Philosophes. Par ces mots, il est évident que tout qui veut procéder correctement dans cet Art doit, comme le disent tous les Philosophes, commencer là où la Nature s'est arrêtée, et doit prendre le Soufre et le Mercure que la Nature a grandement agglutinés dans la forme la plus pure de toutes, quand en lui[46] a eu lieu[47] l'unification immédiate[48] qui ne peut[49] être préparée par personne, ni même par l'Art, et cela, la Nature l'a fait pour donner naissance à la forme métallique. Mais cette même matière, qui est donc mise en forme par la Nature, conviendra bien à l'Art pour la

---

[46] Le texte originel "wan in dem ist..." prête à confusion. D'une part "wan" était indifféremment utilisé tant pour "wann" (quand, lorsque) que "wenn" (si, bien que, comme si), mais dans la version du Splendor Solis imprimée à Rorschach en (1598), au lieu de "wan", nous lisons "dann", lequel se transpose lui aussi aujourd'hui soit en "dann" (ensuite, alors, puis), soit en "denn" (car, parce que ; donc). D'autre part, le pronom "dem" est décliné au datif singulier (masculin ou neutre), ce qui ne peut correspondre ni à "die Kunst" (l'Art), ni à "die Natur", mais bien à "das Schwefel" (le Soufre) ou, mieux, à "der Quecksilber" (le Mercure, le Vif-argent), principe fondamental auquel nous avons choisi de faire correspondre ce pronom.

[47] Le mot "geschechen" est vraisemblablement une altération accidentelle du verbe "geschehen" (avoir lieu, arriver, se produire).

[48] Alors que "behennd" pourrait renvoyer au moderne adjectif "behände" (vif, preste, agile), l'expression "gar behende" signifie "immédiat(ement)". Toutefois, un autre sens très pertinent émerge si l'on voit là une forme dérivée du verbe "beenden" (finir, terminer, achever, clore) : "car en lui s'est produite l'unification finale".

[49] Le verbe "mögen" exprime la possibilité, la probabilité moins forte que le verbe de modalité "können" (Es mag sein → c'est possible, éventuel).

willen der Crafft die sich dann in solche behende materi legen, und darumb Calcionirn etlich Alchimisten das Gold auf das sie es mügen auflesen unnd absundern die Elemeⁿt bis sie das bringen in einen behennden ainlißen geist oder subtile natur unnd faiste brodmikait des Quecksilbers unnd Schwebls naturen unnd die ist dann die allernegst materi die sich mit dem Gold am allernachesten vergleichet zuempfachen die Form, des verborgnen Stains der Philosophi. Welche materi genannt wirdet Mercurius Philosophorum, unnd das will Aristoteles, so er Redet zu Alezoander dem Khünig. Erwell dir zu unnsern Stain das so mit di Khünig geziert unnd gekrönet werden. Wiewol diser Mercurius allain die materi und ein ainiges ding ist. unnd an vermischung annderer ding. so ist doch das ding also gemanigfeltiget in seiner würkung, unnd in seinem namen das sich niemand daraus richten kaⁿ unnd das ist darumb als da spricht Rosinus. auf das nit ein jeder dazue komen mecht. Es ist auch zugleicher weis ein weg der würkung und eiⁿ Fas welches sich alles bilfeltiget von wegen der vergeleichung aller der so in der natur begriffen

gut zu der Kunst um der Empfang willen der Kraft, die sich dann in solche behende Materie legt, und darum kalzinieren etliche Alchimisten das Gold, auf das sie es auflesen mögen und die Elemente absondern, bis sie das in einen behenden einlassenden Geist bringen, oder subtile Natur, und faste Sprudeln des Quecksilbers und Schwebels Naturen, und die ist dann die allernächste Materie, die sich mit dem Gold mit allernächsten vergleicht, um die Form des verborgenen Steins der Philosophie zu empfangen. Welche Materie wird Mercurius Philosophorum genannt, und das will Aristoteles zum Alexander der König reden. Wähl dir zu unseren Stein, der somit die Könige geziert und gekrönt werden. Obwohl dieses Mercurius allein die Materie und einen einzigen Ding ist, und ohne Vermischung anderer Dinge, so ist doch das Ding also vielfältig in seiner Wirkung und in seinem Namen, das sich niemand daraus richten kann, und das ist darum da Rosinus spricht, auf das nicht ein Jeder dazu kommen möchte. Es ist auch zugleich Gleis, ein Weg der Wirkung und eine Vase, in welche sich

réception de la force qui se répandra donc dans une telle matière aussi agile. Et c'est pourquoi plusieurs alchimistes calcinent l'or autant qu'ils peuvent en ramasser, et en isolent[50] les éléments, jusqu'à le ramener à un agile esprit pénétrant[51] (ou à une nature subtile), et à un bouillonnement[52] gras ayant les natures du Mercure et du Soufre ; et ceci est donc la matière la plus proche qui puisse au mieux se comparer à l'or pour recevoir la forme de la Pierre cachée des Philosophes ; laquelle matière a été dénommée Mercure des Philosophes, dont Aristote parla au roi Alexandre[53] en disant : "Choisis-toi, pour notre Pierre, ce avec quoi les rois sont décorés et couronnés". Bien que ce Mercure seul soit la matière et une chose unique, et sans mélange d'autres choses, cette chose est pourtant tellement variée dans son effet, et dans son nom, que personne ne peut s'y orienter. Et c'est pourquoi, comme le disait Zosime, tout un chacun ne peut y parvenir. C'est aussi, tout à la fois, une voie de manifestation[54] et un vase dans lequel se diversifient d'elles-mêmes, par voie de similitude, toutes les choses qui sont

---

[50] Le verbe "absondern" signifie "isoler, esseuler, séparer", mais aussi "sécréter" (sécrétion biologique).

[51] La forme verbale "ainlißen" correspond à "Einlassen" (laisser entrer, faire s'écouler), donnant ici "pénétrant" à cause de la préposition "in".

[52] Le nom "Brodmikait" n'existe plus. Il dérive vraisemblablement du nom "Brodem" (ou "Broden") désignant une fumée ou vapeur dense s'élevant d'une source très chaude, telle qu'une marmite en ébullition.

[53] Alexandre III de Macédoine, dit Alexandre le Grand, roi grec conquérant (356 – 323 av. J.-C.).

[54] Ou "une manière de faire".

werden, Dan jeß reden die Philosophi Solvir das ding. Jeßt Sublimir und denn Distilir, Coagülir machs aufsteigenn machs nidersteigen. Trenk es ein trücken es ab, und der schiklichait die sie nennen seind onzelig vil. welche doh alle ainsmals miteinannder, unnd in ainem gefeß volendet werden. Das bewert Alphidius Sprechent. Du solt wissen so wir Solvirn so Sublimirn wir auch u"d Calcionirn an underlas der Zeit. Wir rainigen unnd zuefuegen unnser werk, unnd er redet weiter also. wenn unnser Corpus wirdet geworffen in das wasser. das es aufgelest werbe, so wirdets bald schwartz und schaidet sich, unnd wirdet zu ainem kalch. Solvirt sich, und Sublimirt sich, Solvierend, und Sublimirend wirdets mit dem geist verainigt. welches in seinem [58] anfanng u"d geburth allen dingen der welt vergleicht wirdet, es sei Sichbar oder unsichbar, es hab ein Seel oder nit, item [59] den Cörperlichen unnd Tierlichen, den Toden unnd Lebendigen. Den Mineralischen unnd wachsenden. Den Elementen, und iren Conpositen, den haissen unnd kalten dingen. Item allen farben, allen früchten, allen vogeln, Unnd in Summen allen dingen die mügen sein

alles von Wegen des Vergleiches vielfältig wird, aller der so in der Natur begriffen werden. Dann reden jetzt die Philosophen : lös das Ding aus, jetzt sublimir und denn distilir, coagülir, mach es aufsteigen, mach es niedersteigen. Trink es durch, trockne es ab, und die *Schicklichkeiten* [57], die sie nennen, seiend unzählig viele, welche doch alle einmal miteinander, und in einem Gefäß vollendet werden. Das beweist Alphidius, sprechend: "du sollst wissen, so solvieren wir, so sublimieren wir, und auch kalzinieren wir ohne Unterlass der Zeit. Wir reinigen und fügen unser Werk zu", und er redet also weiter: "wenn unser Corpus in das Wasser geworfen wird, dass es aufgelöst werde, so werde es bald schwarz und scheide sich und werde zu einem Kalk, solviert sich und sublimiert sich"; solvierend und sublimierend wird es mit dem Geist vereinigt, welcher ist in seinem Anfang, und gebührt allen Dingen der Welt vergleicht wird, sei es sichtbar oder unsichtbar, habe es eine Seele oder nicht, idem den körperlichen und tierlichen, den toten und lebendigen, den Elementen, und ihren Komponenten, den heißen und

contenues dans la Nature. Alors, maintenant, les Philosophes disent : "Dissoudre[55] la chose ; maintenant sublimer, et ensuite distiller, coaguler ; fais-la[56] monter, fais-la descendre, imbibe-la, sèche-la, et les réactions[57] (comme ils les nomment) étant innombrables, lesquelles, toutefois, seront achevées ensemble en une fois et dans un même récipient." Cela, Alphidius le démontre en disant : "Tu dois savoir qu'ainsi nous dissolvons, ainsi nous sublimons aussi et calcinons sans interruption. Nous purifions et assemblons notre Œuvre", et il continue à discourir ainsi : "Lorsque notre Corpus a été jeté dans l'eau, qu'il a été dissout, il devient ainsi bientôt noir et se sépare, et se transforme en une chaux, se dissout, et se sublime". Se solvant et se sublimant, il s'unit à l'esprit, lequel est en son[58] commencement et se doit d'être comparé à toutes les choses du monde, qu'elles soient visibles ou invisibles, qu'elles aient une âme ou pas[59], physiques ou animales, mortes ou vivantes, minérales ou croissantes, ainsi qu'aux éléments, et à leurs composants, qu'aux choses chaudes et froides, ainsi qu'à toutes les couleurs, tous les fruits, tous les oiseaux et, en résumé[60], à toutes

.

---

[55] Solvir : radical du verbe latin "solvere" signifiant (notamment) dissoudre, désagréger, décomposer ; devenant, en allemand actuel, "auslösen". L'auteur germanise de même les radicaux latins "Sublimir", "Distilir" et "Coagülir", dont le sens est évident en français.

[56] L'ancien allemand "machs" est la contraction de "mach es", forme impérative de "machen" (faire → fais-le/la).

[57] La signification de "Schicklichkeit" est examinée dans l'Annexe 2.

[58] Cette portion de phrase n'est pas compréhensible en l'état. Elle le devient lorsqu'on suppose que le copiste a oublié le verbe : "ist in seinem".

[59] L'auteur utilise répétitivement l'adverbe latin "item" (notre actuel "idem"), non traduit ici afin d'alléger le style.

[60] Le nom "Summen" est une germanisation d'un mot latin. Il pourrait s'agir soit du nom "summa" signifiant "somme" (1. total mathématique ; 2. résumé ; 3. sommet, point haut), soit de l'adverbe "summo" (pour finir, en finissant).

von der erden bis in himel, und unnder disen allen seien diser kunst die zwo schicklichaiten welche obengemelt die bedeüten die Philosophi, in denen zwaien worten, das weib unnd der man, oder die milch, unnd die Renn, welcher die nit versteet, der wais auch nit die kochung diser kunst, Das sei nun genueg im anfang der Ersten Schiklichait diser kunst geredt.

kalten Dingen. Idem alle Farben, alle Fruchten, alle Vogeln, und in Summe alle Dinge, die von der Erde bis in Himmel sein mögen, und unter diese allen sind diese Kunst, die welche oben gemalt zwei *Schicklichkeiten*[62], die die Philosophen in zweien Wörter bedeuten : das Weib und der Mann, oder die Milch und der Rahm ; welcher die die Weise nicht versteht, auch nicht das Kochen dieser Kunst versteht. Das sei nun genug im Anfang der Ersten *Schicklichkeiten* dieser Kunst geredet.

les choses qui puissent être depuis la terre jusqu'au ciel, et, parmi toutes celles qui soient relatives à cet Art, les deux réactions susmentionnées que les Philosophes expriment en ces deux mots : la femme[61] et l'homme, ou le lait et la crème. Celui qui ne comprend pas, ne comprend pas non plus la voie ni la cuisson de cet Art. Puisse ceci être maintenant suffisamment exposé pour débuter la première opération[62] de cet Art.

---

[61] Ce n'est pas le nom "Frau" (femme, épouse) qu'utilise l'auteur, mais "Weib", qui, certes, peut aussi signifier "femme" mais insiste surtout sur le principe de féminité plutôt que sur la personne (adj. weiblich = féminin, femelle ; weibich = efféminé).

[62] La signification de "Schicklichkeit" est examinée dans l'Annexe 2.

*Particularia*

*Via Vniuersalis particularibus, Inclusis.*

44

Nun volgt dardurch das gannß werkh
diser Maistershaft sich endet unnd wirt
durch etlich gleichnus. figuren umbrede
und manigfeltig Spruch der Philosophi
an gezaigt

## Der Dritte Tractat.

Nun folgt dadurch das ganze Werk
dieser Meisterschaft sich Endet und
wird durch etliche Gleichnisse, Figuren
darum reden und mannigfaltige
Sprüche der Philosophen angezeigt

## Der dritte Traktat

Suit maintenant le moyen par lequel
tout le travail de ce Magistère se
termine, et il sera exposé via maintes
paraboles, illustrations du discours,
et citations variées de Philosophes

## Troisième opuscule

Hermes ein Vatter der Philosophi spricht. Es ist noth das am Ende diser wellt Himel unnd Erden zuhauffen khonten, Mainende durch den Himel unnd Erden die obgemelten zwo schiklichaiten Aber es entsteen vil zuefell in der arbait, ee unnd sie zum ende gebracht werden, unnd das mag durch gleichnusen unnd Figuren verstannden werden, Wie hernach volgt. Und ist das die erste gleichnus, Gott hat erschaften erstlich die Erden, eben schlecht, unnd Faist, unnd gar Fruchbar an gries, Sand, Stain, Berg, unnd Taal. Aber durch die einflus der Planeten, unnd würkung der Natur, ist nun die Erden verwanndelt worden. in manicherlai gestallt, Auswendig von hörtten Stainen, Hochen Bergen, unnd Tieffen Tallen, innwendig von selßamen dingen, und farbenn. Als di siemblich sein die Erß, unnd Jre begin, Unnd mit solchen dingen ist die erden gannß aus erster Form khomen, Unnd das hat sich ergeben aus solchen sachen.

Hermes ein Vater der Philosophie spricht: es ist not, daß am Ende dieser Welt Himmel und Erde zulaufen könnten. Meinend durch den Himmel und Erde die obenerwähnten zweien *Schicklichkeiten*, aber es entsteht viel Zufälle in der Arbeit, ehe[63] und sie zum Ende gebracht werden und das mag durch Gleichnisse und Figuren verstanden werden, wie hernach folgt. Und das ist die ersten Gleichnisse; Gott hat erschaffen zuerst die Erde, eben schlecht, und fett und gar fruchtbar an Grieß, Sand, Stein, Bergen und Tälern. Aber durch die Einfluß der Planeten und die Wirkung der Natur, ist nun die Erde verwandelt worden, in mancherlei Gestalt, außen von harten Steinen, hohen Bergen und tiefen Tälern, inwendig von seltsamen Dingen und Farben. Als sie die Erze ziemlich sein, und ihre Beginn, und mit solchen Dingen ist die Erde ganz aus erster Form gekommen. Und das hat sich aus solchen Sachen gegeben.

Hermès, un des Pères des Philosophes, dit : "il est nécessaire qu'à la fin de ce monde, Ciel et Terre puissent se rejoindre", signifiant par « le Ciel et la Terre » les deux opérations dont question ci-dessus. Mais il en résulte de nombreux aléas dans le travail avant[63] qu'il soit mené à terme, et que cela doive être compris au moyen d'allégories et de figures, comme celles qui suivent ci-après. Et voici la première analogie. Dieu créa d'abord la Terre, tout simplement[64] médiocre, et grasse, et très féconde en gravier[65], sable, pierres, montagnes, et vallées. Mais par l'influence des planètes et l'action de la Nature, la Terre a désormais été transformée en diverses apparences : extérieurement, en dures pierres, hautes montagnes et profondes vallées ; intérieurement en choses et couleurs étranges, comme y sont en suffisance les minerais, et leur commencement[66]. Et par de telles choses, la Terre fut entièrement issue de cette forme primitive. Et de cela en a résulté pareilles choses.

---

[63] L'ancien "εε" est devenu "ehe" (avant que).

[64] L'adverbe "eben" a de nombreuses acceptions, dont l'adéquate expression "tout simplement".

[65] Si "Grieß" signifie aujourd'hui "semoule, gruau", le sens ancien désignait prioritairement le gravier, le gros sable, la gravelle, la pierraille.

[66] Le "commencement des minerais" est un concept déroutant, sauf à bien comprendre que l'auteur les considère comme des entités vivantes, naissant d'un germe, puis croissant au sein de la Terre.

Erstlich so doch die Erde gros, Tief, Lanng, weit, unnd brait ist gehauffet worden. So ist auch durch stette würkung der Sonnenhiß darInnen worden ein schwëlhißige tunstige, und tempfige wirm, welche die gannß erde bis in abgrundt durchganngen, unnd durchtrungen hat. Dann die eingetrungen hiß der Sonnen hat gewürkhet, unnd geursachet in der khelte, unnd feüchtigkait der Erden, ein starkhen dunst oder Rauch, Neblig, unnd Lüfftig, Welch alle sind in der Erden beschlossen gwest, unnd nach Leng der Zeit sind Er vil worden, unnd aufs Leßt so starkh, Daß die Erden die Lenng in Ir nit hat können, unnd mügen behaben nach dem sie naturlich begerrn über sich zubringen, unnd aufs lest an den ennden der Erden, da Er vil beieinannder sind worden, Haben sie ain taill Erderich da zuhauff geworffen, den anndern dortt, unnd also manichen Bühel, Hoch, unnd Tieffe tal gemacht. Unnd an den ennden da solch Berg und Bühel sein worden, daselbs ist die erden am aller besstenn mit der Hiß, Kellten, Feüchte, unnd trückhen gekocht, gesotten, unnd gemenget worden, Unnd da wirdet auch das beste Arß gefunden. Wo aber die Erden

Zuerst so doch ist die Erde groß, tief, lang, weit, und breit gehäuft worden. So ist auch durch stete Wirkung der Sonnenhitze drinnen einen geschwollenen duftigen und rußigen Warm, welche die ganze Erde bis im Abgrund durchgegangen und durchgedrungen, worden. Dann die eingedrungenen Hitze der Sonne hat gewirkt, und in der Kalt und in der Feuchtigkeit der Erde eine starke Dunst, oder Rauch, neblig, und luftig, verursachet. Welche alle sind in der Erde eingeschlossen gewesen, und nach langer Zeit sind viel worden, und am letzte so stark, dass die Erden nicht die lang in ihr hat behalten können und mögen, nachdem sie natürlich gern über sich zu bringen, am letzte und am Ende der Erde, da sie viel miteinander worden sind, haben sie einen Teil erdig da zuhauf in die Orten geworfen, und also manche Hügel, hohe und tiefe Täler gemacht. Und, am Ende, da, wo sich solche Berge und Hügel sind worden, dasselbe ist die Erde am allerbesten mit der Heiz, Kälte, Feuchte und Trocken gekocht, gesotten, und gemengt worden. Und da wird auch das beste Erz gefunden. Wo aber wird die Erde eben derselbe

En premier, la Terre s'est ainsi amassée, grosse, profonde, longue, étendue, et large. C'est aussi ainsi, par l'action constante de la chaleur du Soleil se forme à l'intérieur une chaleur enflant, vaporeuse, fuligineuse, qui traverse toute la Terre jusque dans l'abîme, et la transperce de part en part. Ensuite, la chaleur pénétrante du Soleil a agi, et a causé, dans le froid et l'humidité de la Terre, une intense vapeur, ou une fumée, nébuleuse et aérienne ; ces vapeurs ont toutes été contenues dans la Terre, et après un long temps, y sont devenues abondantes, et à la fin sont devenues si fortes que la Terre n'a pas su, ni pu [67], les retenir longuement en elle après qu'elle ait naturellement désiré les laisser remonter sur elle, et finalement, à la fin de la Terre, là où elles se sont abondamment rassemblées, elles ont projeté là une partie terreuse en quantité, et en d'autres lieux, et ont donc fait de nombreuses collines, de hautes et de profondes vallées. Et, à la fin, là où de telles montagnes et collines se sont formées, de même, la Terre y a été mélangée, cuite, bouillie [68], au plus haut point, par le chaud, le froid, l'humidité et la sécheresse. Et là est aussi trouvé le meilleur

---

[67] Le verbe "mögen" a plusieurs acceptions, dont une signifie "vouloir, désirer". Ce qui induirait alors que la Terre, envisagée comme un être vivant, voire conscient, n'a pu ni *voulu* contenir plus longtemps ces vapeurs.

[68] Le verbe "sieden" (bouillir, au sens populaire) accepte deux formes de conjugaison (faible et forte), l'une donnant le participe passé "gesotten".

eben ist, da haben sich nit gehauffet solch Dunst und Rauch. Darumb derselben ende nit Arß gefunden wirdet, unnd das auferhoben Erterich, sonnderlich da es schleimig, Lettig, unnd faist ist gewesen, hat es die feüchtigkait von Oben ab durch drungen, davon sie dann widerumb waich ist worden, unnd hat sich taigweis festigelich übereinannder geseßt, unnd durch eintruckung der Sonnenhiß nach Lennge der Zeit Jemer gefesstend, gehörttend, unnd gebachen. Welches Erderich aber, prüchig unnd marb, als clainer gries, unnd sand, unnd nog waich ist, Hanngend aneinannder als die trauben, dieselbig erden ist faistigkait halben zumager, unnd Sper, unnd hat derr Feüchtigkait zuwenig gehabt. Darumb ist sie nit genuegsam übereinannder gepachen und ist also knollet als ein unzertriben Mues gebliben, oder als ain melbiger taig, der zu wenig begossen ist, dann kain Erden wirt nit zustain, sie sei dann vo$^n$ faister schleimiger erden, unnd wol mit Feüchtigkaiten vermengt. Wann nach austrukhung des Wassers von der Sonnenhiß mues die faistigkait, die erden beinannder behallten, sonnsten blibs marb, unnd Prüchig, unnd fiell wider voneinander. Was

Ende nicht Erz gefunden, und das erdig auf erheben ist, da haben sich nicht solche Dunst und Rauch gehäuft. Darum, am Ende, Erz wird nicht gefunden; hingegen die erhoben Erde ist sonderlich da schleimig, lehmig, und feist gewesen, hat es die Feuchtigkeit vom Oben ab durchgedrungen, davon sie dann wiederum weich worden ist und hat sich tageweise gefestigt übereinander gesetzt und durch die Austrocknung der Sonnenhitze nach lange der Zeit immer fest werden lassend, hart werdend und backend. Welches ist erdig aber brüchig, mürbe, als kleiner Gries und Sand und genug weich ist, hängend aneinander als die Trauben, dieselbe Erde ist Feistigkeit halben zu mager und spröde, und sie hat die Feuchtigkeit zu wenig gehabt. Darum ist sie nicht genugsam übereinandergelegen, und ist also knollig als ein untertriebenes Mus geblieben, oder als einen mehligen Teig, der zu wenig begossen ist, dann keine Erde wird nicht zu Stein, sei sie dann vonfeister schleimiger Erde, und wohl mit Feuchtigkeit vermengt. Wann nach der Austrocknung der Wasser von der Sonnenhitze müssen die

minerai. Cependant, là où la Terre est plane, là ne se sont pas accumulées de telles vapeurs et fumées. C'est finalement pourquoi du minerai n'y est pas trouvé, tandis que la portion de terre surélevée est alors devenue particulièrement gluante, argileuse et grasse, a été pénétrée par l'humidité provenant d'en-haut, et en est donc redevenue molle, et s'est déposée en couches d'aspect pâteux se solidifiant les unes par dessus les autres, et par l'assèchement[69] dû à la chaleur du Soleil, après un long temps, toujours s'affermissant[70], durcissant et devenant cuite. Laquelle portion de terre, quoique cassante et friable, comme du petit gravier et du sable, est encore molle, comme les grappes de raisins accrochées les uns aux autres, cette même terre a sa graisse à moitié trop maigre et trop sèche, et a reçu trop peu d'humidité. C'est pourquoi elle n'est pas suffisamment superposée en strates ; elle est donc restée agglutinée comme une compote mal affinée, ou comme une pâte farineuse qui a été trop peu arrosée ; alors aucune terre ne peut devenir pierre, à moins qu'elle soit mélangée à une terre grasse visqueuse et pleine d'humidité. Ensuite, après assèchement

---

[69] En allemand moderne, "Eintrocknung" devient "Austrocknung" (déshydradation), formé sur le verbe "trocknen" (sécher) suivi du génitif de cause.

[70] Le verbe "festen" n'existe plus, l'allemand moderne le transforme en "fest werden lassen".

auch noch nit volkhomen Herrtt ist worden, mag noch heut zu tag, durch
stätte würkungen der Natur, unnd Sonnenhiß, zu Hertten unnd fessten
Stainen werden. Auch werden die obgemeltenn Rauch, unnd tunst, die
sich erstmals ergeben aus den aigenschafften der Element, in tieffe der
erden beschlossen, durch die natur, unnd einflus der Sonnen, unnd annder
Planeten würkung gekochet. Unnd so sie ergreiffen wässerige tünst, mit
ainer rai"en unnd Subtillen erdingen Substanß, so wirdet gewürckhet der
Philosophi Quecksilber, so sie aber gedigen, unnd zu einer feuerigen,
unnd erdigenn subtillen herttigkait gebracht werden, So wirdet
gewürckhet der Philosophi Schwebel. Von dem Schwebel beschleust wol
Hermes also redent. Er wirt anfachen die crafft der obersten, unnd
underiste" Planeten, unnd mit seiner Crafft durchgeet er starkhe ding. Er
überwündet alle ding, unnd alle kostliche Stain.

Fette die Erden beieinander behalten, sonst bleibt es bröcklig und
brüchig und fällt wieder voneinander. Was auch noch nicht vollkommen
hart worden ist, mag noch heutzutage durch stete Wirkungen der Natur,
und die Sonnenhitze, zu harten und festen Steinen werden. Auch werden
die obigen Rauch und Dunst, die sich erstmals aus der Eigenschaften der
Elemente ergeben, in tiefe der Erde eingeschlossen, durch die Natur und
Einfluß der Sonne und Wirkung anderen Planeten  gekocht. Und so
ergreifen sie wässerige Dunst mit einer reinen und subtilen erdigen
Substanz, so wird das Quecksilber der Philosophen gewirkt, so sie aber
gediegen, und zu einer feurigen und erdigen subtilen Härte gebracht
werden, so wird die Philosophie Schwebel gewirkt. Von dem Schwefel
beschließt wohl Hermes also redend: er wird die Kraft der obersten und
untersten Planeten anfachen, und mit seiner Kraft geht er starke Ding
durch. Er überwindet alles Ding und allen kostbaren Stein.

de l'eau par la chaleur du Soleil, la substance grasse doit retenir les terres agglutinées ensemble, sinon elle reste friable et cassante et se désagrège à nouveau. Aussi, ce qui n'est pas encore devenu d'une dureté parfaite peut, encore de nos jours, via l'action constante de la Nature et de la chaleur du Soleil, devenir pierre dure et solide. Aussi, les fumées et vapeurs dont question précédemment (qui émanèrent pour la première fois des propriétés des éléments, enfermées dans la profondeur de la terre) ont été cuites sous l'action de la Nature et l'influence du Soleil et des autres Planètes. Et lorsqu'elles capturèrent de la vapeur aqueuse conjointement à une substance terreuse pure et subtile, ainsi fut produit le Mercure des Philosophes. Mais lorsqu'elles seront devenues pures et auront été amenées à une dureté ardente [71], terreuse et subtile, ainsi sera produit le Soufre des Philosophes. Au sujet du Soufre, Hermès conclut fort bien en disant : "Il attisera la force des Planètes les plus élevées et les plus basses ; et avec sa force, il traverse une chose robuste. Il surpasse toute chose, et toute pierre précieuse".

---

[71] Certains traduisent "feurig" par "igné", terme usité en alchimie pour désigner une qualité, un feu interne, pas nécessairement exprimé par une chaleur évidente, thermique. Ex.: ortie, piment, acide, eau-de-vie (alcool à brûler, aguardiente), etc.

*Page suivante : Deuxième parabole.*

# Die Annder gleichnus.

**Hermes der Erst Maister diser** Kunst, spricht also. Das Wasser des Luffts so da ist zwischen Himel, unnd Erden, das ist aines Jedlichen di"g Leben, Dann durch sein feüchtigkait, und Würm, ist es das mitl der zwaier widerwärttigen, Als Feuerr und wasser, und dasselb wasser hat abgeregnet über die Erden. Der himel hat sich aufgethon, und getauet, auf der erden, davon ist s Sieß worden, wie ein honig unnd befeüchtiget, Deshalben blüeet sie, unnd treget manicherlai farben, unnd Frucht, unnd in Irem mittl ist gewachsen ein grosser Paum, mit einem Silberen stam, der sich ausstrekhet, auf die orth der Wellt, auf seinen essten haben gesessen manicherlai vogl, die alle gegen dem tag sein abgeflogen, u"d das Rabenhaubt ist weis worden ~Derselbig Paum bringt dreierlai frucht. Die Ersten sind die aller feinesten Perlen. Die Annder wirdet genannt vo" den Philosophi terra

# Das andere Gleichnis

Hermes, der erste Meister dieser Kunst spricht also: Das Wasser der Luft ist so dazwischen Himmel und Erden, das ist ein Leben jeder Ding, denn durch die Feuchtigkeit und Wärme ist es das Mittel der zwei Widerwärtigen, als Feuer und Wasser, und deshalb hat Wasser über die Erde abgeregnet. Der Himmel hat sich auf der Erde aufgetan und es hat getaut (davon ist es süß wie ein Honig worden) und hat sie befeuchtet. Deshalb blüht sie und trägt mancherlei Farben und Früchte und in ihrer Mitte einen großen Baum gewachsen ist, mit einem silbernen Stamm, der sich ausstreckt, auf die Orte der Welt, auf seinen Ästen mancherlei Vögel gesessen haben, die alle gegen dem Tag abgeflogen sind, und das Rabenhaupt ist weiß geworden. Derselbe Baum bringt dreierlei Früchte. Die ersten sind die aller feinsten Perlen. Die anderen werden von den Philosophen Terra

# Deuxième parabole

Hermès, le premier Maître en cet Art, parle ainsi : "L'eau de l'air est ainsi entre Ciel et Terre ; c'est la vie de chaque chose, car par son humidité et sa chaleur, elle est au milieu entre les deux opposés que sont le feu et l'eau, et c'est pourquoi l'eau est tombée en pluie sur la terre. Le ciel s'est ouvert et a fait tomber de la rosée[72] sur la terre (d'où elle devint douce comme du miel) et l'a humidifiée. C'est pourquoi elle fleurit et porte de nombreuses couleurs et des fruits, et en son milieu a crû un grand arbre avec un tronc en argent, qui s'étend sur les lieux du Monde ; sur ses branches se sont assis toutes sortes d'oiseaux qui tous se sont envolés à l'aube, et la tête du corbeau est devenue blanche. Ce même arbre porte trois sortes de fruits. Les premiers sont des perles les plus fines. Les seconds sont nommés par les Philosophes "Terra foliata". Le troisième fruit

---

[72] Le verbe "tauen" signifie "dégeler, fondre", mais aussi "tomber de la rosée" (le nom "Tau" = "rosée").

Foliata. Die dritte frucht ist. das aller feineste gold, Diser Paum gibt auch die frucht der gesundhait. Er macht warm das kalt ist, unnd das warm macht er kallt, unnd das trukhne macht er feücht. unnd das feucht trukhen. Das hörrt macht er waich, unnd das waich hörtt, unnd ist das ende der gannßen kunst. Davon redet Auctor der dreier wortt, die drei frucht sein drei kostliche wort der ganßen Maisterschafft, und das mai"t auch Salienus so er redet von dem kraut Lunatica, oder Berissa, sein wurßl ist ein metalline erde, hat ein Roten stingl mit ainer schwerß beflecket, wechst Leicht, nimbt auch Leicht ab, gewint zitrin pluemen, nach drei tagen so man das tuet in Mercurium, so veränndert es sich in ein volkomen Silber, unnd so ma" das weiter seut, verkert es sich in gold, das dan hundert tail Mercurim verkert in das aller feinist gold. Von disem paum redt Virgilius in sechsten buch Æneudorum, so er meldet in einer Fabel wie das Eneas, und Silbius giengen zu einem Paum, der het guldene zweig, und so offt man ain zweig von dem abbrach, so wuchs ein anders an derselben stat.

Foliata genannt. Die dritten ist das aller feinste Gold. Dieser Baum gibt auch die Frucht der Gesundheit. Er macht warm, was kalt ist, und was warm ist macht er kalt, und was trocken ist macht er feucht, und das feucht trocken, was hart ist macht er weich, und hart was weich ist, und das ist die Ende der ganzen Kunst. Davon redet das Autor der drei Wörter, die drei Früchte, sein drei köstliche Wörter der ganzen Meisterschaft, und das meint auch Salienus, so redet er von dem Kraut Lunatica, oder Berissa: "sein Wurzle ist eine metallische Erde, hat einen roten Stengel mit schwarzen Flecken, wächst leicht, nimmt auch Leicht ab, gewinnt zitronengelbe Blumen". Nach drei Tagen tut man so das in Mercurium, so verändert es sich in vollkommenes Silber, und so man das führt weiter, verkehrt es sich in Gold, daß dann verkehrt hunderten Teil Mercurium in das aller feinste Gold. Von diesem Baum redet Vergil in dem sechsten Buch "Äneide", so meldet er in einer Fabel wie das Eneas, und Silbius gingen zu einem Baum, der goldene Zweige hat,

est l'or le plus fin. Cet arbre donne aussi le fruit de la santé. Il rend chaud ce qui est froid et froid ce qui est chaud, et rend humide ce qui est sec et sec ce qui est humide, rend dur ce qui est mou et mou ce qui est dur, et il est la fin de tout l'Art. A ce sujet discourt l'auteur des "Trois Mots"[73] : "Les trois fruits sont trois mots précieux de tout le Magistère", et c'est aussi ce que veut dire Salienus lorsqu'il discourt de l'herbe Lunatica, ou Berissa : "Sa racine est une terre métallique, a une tige rouge tachetée de noir, croît facilement, décroît aussi facilement, a obtenu des fleurs citrines". Après trois jours, quand on fait cela dans le Mercure, alors il se change[74] en un argent parfait, et ainsi, en continuant, il se transmute en or[75], qui ensuite transmute cent parts de Mercure en l'or le plus fin. De cet arbre discourait Virgile dans son sixième livre de l'Enéide lorsqu'il rapportait dans une fable qu'Énée et Silvius allèrent vers un arbre qui avait des branches d'or, et qu'aussi souvent qu'on en détachait une banche, il en poussait une autre à la même place.

und so oft man brach einen Zweig von ihm ab,
so wuchs ein andere an derselben Stätte.

---

[73] Ou "LesTrois Paroles" ? Il existe un ancien conte arabe portant ce titre, mais pas nécessairement relatif à ce qui nous occupe ici.

[74] Le verbe pronominal "sich verändern" signifie "se transformer, se modifier, changer (de manière définitive)".

[75] Sans grande trituration, la phrase "unnd so man das weiter seut, verkert es sich in golb" peut aussi se traduire par "et ainsi, en continuant, on se transmute en or", en jouant sur le fait que "es" (le, lui, ceci..) puisse se rapporter soit au "Mercurium" en mutation, soit à "man" (on).

*Page suivante : Troisième parabole.*

# Die dritte gleichnus.

Avicena spricht im Capitl von de<sup>n</sup> feuchtigkaiten, Die hiß so sie würkht in einem feüchten cörper so geburt sie im ersten ein Schwerß, Aus der ursach haben gesechen von weiten die alte<sup>n</sup> Weisen aufgeen einen Nebel der übergienng, und verschwartzet die gannß erden, unnd sie sachen auch di ungestüem des Meers, unnd Wasserflüssen über dis Antliß der erden, unnd dieselben faul, unnd stinkhet werden, in der Finsternus. Auch sachen sie versinkhen den khünig der erden, unnd höreten den mit begirlicher stim rüeffen, Der mich erlöset wirdet mit mir ewigclich Leben, unnd Regirn, in meiner klarhait, auf meinem Königclichen stuell, und die nacht umbgab alle ding, des anndern tags sahen sie über den könig aufgeen einen scheinbaren Morgenstern, und das Liecht des tags die Finsternus erleichten, die clare Sonnen durch die Wolcken manicherlai gestalt der farben, mit Jren stremen, unnd

# Das dritte Gleichnis

Avicenna spricht im Kapitel von den Feuchtigkeiten: "so wirkt die Hitze in einem feuchten Körper, so gebären sie im ersten einer Schwärze". Aus der Ursache haben vom Weitem die Alten Weisen einer Nebel der Übergang gesehen, und schwärzt die ganze Erde, und sie sahen auch das Ungestüm des Meers und die Wasserflüssen über dem Antlitz der Erde, und dieselbe werden faulig und stinkend in der Finsternis. Auch sahen sie den König der Erden versinken und hörten denn mit begehrlicher Stimme rufen: "Der mich erlöst, wird mit mir ewiglich leben und regieren, in meiner Klarheit, auf meinem königlichen Stuhl", und die Nacht gab alle Dinge um. Am nächsten Tag sahen sie über den König einen glänzenden Morgenstern aufgehen, und das Licht des Tags die Finsternis erleichtern, die klare Sonne durch die Wolken die mancherlei Farben gestalten, mit

# Troisième parabole

Avicenne [76] dit, au chapitre traitant des humidités : "Ainsi, la chaleur agit dans un corps humide et ainsi naît en premier une noirceur". A cause de cela, les anciens Sages ont vu au loin se lever un brouillard qui passa sur la Terre entière et l'obscurcit ; et ils virent aussi l'impétuosité de la mer, et les torrents sur la face de la Terre, et ceux-ci devinrent putrides et puants dans les ténèbres. Ils virent aussi s'enliser le roi de la Terre, et l'entendirent appeler d'une voix avide : "Qui me sauve vivra et régnera éternellement avec moi dans ma clarté, sur mon trône royal", et la nuit enveloppa toute chose. Le lendemain, ils virent s'élever au-dessus du roi une brillante [77] Etoile du Matin, et la lumière du jour illuminer les ténèbres, le clair soleil, à travers les nuages, former diverses couleurs avec ses rayons et son éclat pénétrants, et un goût suave s'élever sur toutes les parties

---

[76] Surnom, en Occident, du savant perse médiéval Ibn Sina (980 – 1037). En médecine, il considérait plusieurs types d'humidités. D'autres auteurs ultérieurs ont utilisé son nom comme pseudonyme.

[77] L'adjectif "scheinbar" signifie aujourd'hui "apparent", mais ici, il dérive du verbe "scheinen" (briller, luire). Le nom "Schein" signifie "lueur, lumière" et, au figuré seulement, "apparence".

glensten dringen, unnd ein wolriechenden geschmak ober allen Pÿsen, von der erden aufgeen, und die Sonn clar erglansten. In dem was volkhomen die Zeit das der könig aller erden erlöst, unnd verneuert ward, wolgeziert, unnd gannß hübsch, des scho"hait sich verwundert Sonn und Mon, Er was gekrönet mit dreien costbarlichen Kronen gemacht aine von Eisen, die annder von Silber, Die Dritt von clarem gold, Sie sahen in seiner Rechten hannd ain zepter mit Siben Sternen die gaben alle ainen gulden glanß, unnd in seiner Lingkhen ha"d ainen gulden Apfel, und darauf sißen ain weisse Tauben, welcher Fettiche übersilbert, unnd Sre flügel Goldfarb wasend, von dem hat wolgeredet Aristoteles also. Die zerstörung aines Jedlichen dings ist die geberung eines anndern, das ist sovil geredet auf dise maisterliche khunst, Heraub in der zerstörlichen feüchtigkait, und ernere in mit seiner mitwesenlichen feuchtigkait welches sein volkhomenhait und Leben sein wirt.

ihren Strahlen und Glänzen dringen, und ein wohlriechender Geschmack über alle Teile von der Erde aufgehen, und die Sonne klar erglänzen. Am Ende[78] vollendet wurde die Zeit, daß der König aller Erde erlöst, und erneuert wurde, wohl angezogen, und ganz hübsch, die Schönheit der Sonne und den Mond sich verwundert. Er war mit drei kostbaren Kronen gekrönt, eine vom Eisen gemacht, die andere von Silber, die dritte von klarem Gold. Sie sahen in seiner rechten Hand ein Zepter mit sieben Sternen, die alle einen goldenen Glanz gaben, und in seiner linkenden Hand einen goldenen Apfel, und darauf sitzen einen weißen Taube, welcher festliche versilbert, und ihre goldfarbene Flügel seiend, vom dem Aristoteles also wohl geredet hat: "Die Zerstörung eines jeglichen Dinges ist die Geburt einer Anderen". Das ist soviel auf diese meisterliche Kunst geredet: "lassen Sie ihn zerstörerische Feuchtigkeit herausgehen, und erneuert ihn mit seiner wesentlichen Feuchtigkeit, welche seine Vollkommenheit und sein Leben sein wird".

de la Terre, et le Soleil briller clairement. S'accomplit enfin[78] le temps où le roi de toute la Terre fut délivré et renouvelé, entièrement habillé, et tout joli, s'émerveillant[79] de la beauté du Soleil et de la Lune. Il fut couronné de trois précieuses couronnes faites, la première de fer, la seconde d'argent, la troisième d'or pur. Ils virent dans sa main droite un sceptre avec sept étoiles qui donnaient toutes un éclat doré, et dans sa main gauche une pomme d'or, et sur laquelle était assise une colombe blanche abondamment argentée, et ses ailes étant dorées. C'est ce dont Aristote a aussi bien discouru : "La destruction de chaque chose est la naissance d'une autre". Ce qui est tant dit au sujet de cet Art magistral : "Faites-en sortir son humidité destructrice, et renouvelez-le avec son humidité fondamentale, laquelle sera son accomplissement et sa vie."

---

[78] Le texte originel "In dem was volkhomen die Zeit das..." semble amputé d'un ou plusieurs mots. Notre traduction, plausible mais incertaine, s'inspire du contexte.

[79] Le verbe pronominal "sich verwundern" signifie "s'étonner", mais est aussi construit au départ de l'adjectif "wunder" (merveilleux) → S'émerveiller.

*Page suivante : Quatrième parabole.*

# Die vierte gleichnus

Menaldes Philosophus spricht also. Ich gebeut allen meinen nach komling, das sie die Cörper geistlich machen, durch die auflosung und herwiderumb die geistlichen ding Cörperlich, durch ein Linde kochung, von dem redet Senor also, Der geist leset auf den Cörper, unnd in der auflesung zeucht er aus di Seel des Cörpers, unnd verkhert den cörper in die Seel, u"d die seel wirt verwanndelt in geist, unnd der geist solle widerumben zugefuegt werden dem Corpus, denn so ist er bestenndig mit dem corpus. Unnd herwiderum der Cörper geistlich in crafft des geists, das geben die Philosophi zuberssteen, in ainer solchen Figur, Sie sahen ainen Menschen der was Schwartz wie ein Mor, der stekhet in einem Letten, oder schwartzen unsaubern schleim übel schmeckhent, Dem kam zuhilf ein Junges weib schön von Angesicht, noch schöner am Leib, unnd aufs hübschest geziert mit claidern, die waren

# Das vierte Gleichnis

Menaldes, der Philosoph, spricht also: "Ich geböte alle meine Nachkommen, daß sie die Körper durch die Auflösung geistlich machen, und hinwiederum die geistlichen Dinge körperlich, durch ein lindes Kochen". Von dem Senor also redet: "Der Geist liest den Körper auf, und in dem aufgelesen, zieht er die Seele des Körpers aus, und verkehrt den Körper in die Seele und die Seele wird in Geist verändert, und der Geist solle wiederum den Körper zugefügt werden, denn so ist er beständig mit dem Korpus. Und hinwiederum den Körper wird Geist in Kraft des Geistes". Das geben die Philosophen in einer solchen Figur zu verstehen. Sie sahen einen Menschen, der schwarz wie einen Maure war, bleibt in einem Lehm oder schwarzen unsauberen schmeckenden übel Schleim stecken. Denn kam, um zu helfen, ein junge Weib, schön von Angesicht, noch

# Quatrième parabole

Menaldus, le Philosophe, parla ainsi : "Je (re)commanderais à tous mes descendants de rendre leurs corps spirituels par la dissolution et, à l'inverse[80], de rendre corporelles les choses spirituelles par une douce cuisson". Ce dont Senor discourait ainsi : "L'esprit assemble[81] le corps, et de cet amalgame, il extrait l'âme du corps, et change le corps en âme, et l'âme sera transformée en esprit, et l'esprit devra à nouveau être ajouté au corps; ainsi donc est-il constamment avec le corps. Et, à nouveau, le corps sera spiritualisé par la force de l'esprit". C'est ce que les Philosophes donnent à comprendre par la figure suivante. Ils virent un homme qui était noir comme un Maure, qui s'enlisait dans une glaise ou une malpropre mucosité noire malodorante. Alors arriva pour l'aider une jeune femme de beau visage, encore plus belle de corps, et parée des plus jolis vêtements qui étaient de nombreuses couleurs.

---

[80] Ou "à son tour", selon que les deux actions sont indépendantes ou consécutives.

[81] Dans le texte originel, les verbes "auflosen" (auflösen → dissoudre, délier, séparer) et "auflesen" (rassembler, ramasser, collecter, recueillir chez soi) sont graphiquement très proches et prêtent à confusion. La première citation évoque la dissolution, et la seconde, la coagulation. Une autre option est de considérer une erreur de copiste et de lire, dans les deux cas, "dissolution". Senor indiquerait alors, lui aussi, que l'esprit dissout le corps afin d'en extraire l'âme. Toute la subtilité consiste à déterminer si l'esprit délite ou rassemble les corps.

manicherlai Farben, sie was mit weissenn Flügeln auf irem Ruggen geziert, die feder waren geleich dem aller schönesten, weissesten Pfaben, unnd hetten gulden spiegl, unnd die khiel waren geschmuckt mit feinen Perlen, Sie het ein Coron auf Jrem haubt, von rainem gold, und auf der Coron ein Silberen sterrn. Umb Jren hals het sie ein Halspandt von feinem gold, darinn verseßt den aller edelsten Rubin, den khain Khönig vermag zubezallen, sie hette an Jren Füessen gulden schuech, und von Jr giennge aus der aller edleste geschmak über alle Aromata. Sie beclaidet den menschen mit einem Purpur gewand, unnd bracht in zu seiner hechsten clarhait, und füret Jn mit Jr zu himel. Davon redet aber Senior also. Es ist ain Lebendigs ding, das nit mer stirbet, wann es ist mit ainer Ewigen vermerung geüebt.

schöner am Leib, und auf dem hübschesten mit Kleidern angezogen, die waren mancherlei Farben; sie war mit weißen Flügeln auf ihrem Rücken geziert, die Feder waren gleich dem aller schönsten weißesten Pfauen und hatten goldene Spiegel und die Kiele waren mit feinen Perlen geschmückt. Sie hat eine Krone auf ihrem Haupt, von reinem Gold, und auf der Krone eine silberne Stern. Und an ihrem Hals hatte sie ein Halsband von feinem Gold, darin versetzte den aller edelsten Rubin, der kein König zu bezahlen vermag; sie hatte an ihre Füße goldene Schuhe, und von ihr ging der aller edelsten Geschmack über allen Aromata aus. Sie bekleidet den Menschen mit einem purpurnen Gewand und brach ihn zu seiner höchsten Klarheit und fuhr ihn mit ihr zu Himmel. Davon redet aber Senior also: "Es ist ein lebendiges Ding, das nicht mehr stirbt, wann es ist mit einer ewigen Vermehrung geübt".

Elle était ornée de blanches ailes dans son dos ; les plumes étaient comme celles des paons les plus beaux et les plus blancs de tous, et avaient des miroirs dorés, et les pennes étaient ornées de fines perles. Elle avait une couronne d'or pur sur sa tête, et sur la couronne une étoile argentée. À son cou, elle avait un collier d'or fin auquel pendait le plus noble de tous les rubis, qu'aucun roi ne pourrait se payer ; elle avait aux pieds des chaussures d'or, et d'elle émanait le plus noble parfum, supérieur à tous les arômes. Elle habilla l'homme d'une robe[82] pourpre et l'emporta dans sa plus haute clarté, et le conduisit avec elle au ciel. De cela, Senor en discourt ainsi : "C'est une chose vivante, qui ne meurt plus, lorsqu'elle est de plus en plus pratiquée[83], éternellement".

---

[82] Le mot "Gewand" prend ici le sens d'une robe liturgique. La jeune femme d'aspect angélique ne fait pas que revêtir un miséreux en détresse : elle l'élève à une haute fonction sacrée !

[83] Le verbe "üben" évoque un entraînement, une étude appliquée accompagnée d'exercices, une pratique conduisant à l'expertise.

*Page suivante : Cinquième parabole.*

# Die funfft gleichnus

Die Philosophi geben zu diserr kunst zwen cörper. Nemblich Sonn, und Mon, welhes sein erd, unnd wasser, die haissens auch Man u"d weib unnd die gebern vier khünder, zway Mendl, das sein hiß, unnd kelten, unnd zway weibel, das sein feücht und trugkenhait. das sein die Vier Element, unnd die machen das Fünffte wesen, unnd das ist die rechte weis Magnesia, die nit falsch ist. Das beschleust Senior sprechend. So dise Fünf versamlet, so werden sie ain ding sein, das der naturlich Stain ausgemacht ist. Avicena spricht. So wir zu dem Fünfften komen mügen, so ist das ende komen, Unnser mainung solches anzezaigen, beschreiben die Philosophi ein Aÿ, dann darinnen sein vier zusamen gefuegte ding, das erst, unnd Oberst die schaal ist die Erde, unnd das Weiß ists Wasser. Aber die Haut zwischen der schaal, unnd dem Weissen ist der Lufft, unnd schaidet die erden vom wasser. Der

# Das fünfte Gleichnis

Die Philosophen geben zu dieser Kunst zwei Körper. Nämlich die Sonne und der Mond, welche Erde und Wasser sind, die auch Mann und Weib heißen, und gebären sie vier Kinder, zwei Jungen, die Hitze und Kalt sind, und zwei Weiber, die Feucht und Trockenheit sind. Sie sind die Vier Elemente und sie machen das fünfte Wesen, und das ist die richtige weiße Magnesia, die nicht falsch ist. Das beschließt Senior sprechend: "So diese fünf versammelt, so werden sie ein Ding sein, das der natürliche Stein ausgemacht ist". Avicena spricht: "So mögen wir zu den Fünften kommen, so ist das Ende kommend". Unsere Meinung so angezeigt, beschreiben die Philosophen ein Ei, dann sind drinnen vier zusammen gefügte Dinge; die erste, und oberste, die Schale, ist die Erde, und das Weiß ist Wasser. Aber die Haut zwischen der Schale und dem Weiß ist die

# Cinquième parabole

Les Philosophes attribuent à cet Art deux[84] corps, à savoir le Soleil et la Lune, lesquels sont la Terre et l'Eau, qui se nomment aussi Homme et Femme, qui ont engendré quatre enfants, deux garçons[85] (qui sont la chaleur et le froid) et deux filles (qui sont l'humidité et la sécheresse). Ce sont les quatre Eléments, et ils constituent le cinquième être, et c'est la vraie magnésie blanche, qui n'est en rien fausse. Senior conclut cela en disant : "Une fois ces cinq rassemblés, ainsi deviendront-ils une chose dont la pierre naturelle est constituée". Avicenne dit : "Si nous pouvons parvenir au Cinquième, alors la fin arrive". Notre pensée ainsi éclairée[86], les Philosophes décrivent un œuf dans lequel sont assemblées quatre choses ; la première, supérieure, la coquille, est la Terre, et le blanc est l'Eau. Mais la peau entre la coquille et le blanc est l'Air, et sépare la Terre de l'Eau. Le jaune d'œuf est le Feu, et a aussi une plus subtile petite

---

[84] L'erreur de copiste est ici flagrante, à cause de la forte ressemblance entre le "n" et le "y" en gothique de type Fraktur. Au lieu de "𝔷𝔴𝔢𝔫", lire "𝔷𝔴𝔢𝔶" (zwei → deux).

[85] L'ancien nom "𝔐𝔢𝔫𝔡𝔩", diminutif familier de "Mann", n'est plus usité de nos jours. Les quatre enfants sont donc deux mâles et deux femelles (les principes dont question ici sont polarisés en masculin et féminin).

[86] Le verbe "𝔞𝔫𝔷𝔢𝔷𝔞𝔦𝔤𝔢𝔫" (anzuzeigen) signifie ici "indiquer". La proposition elliptique "𝔘𝔫𝔫𝔰𝔢𝔯 𝔪𝔞𝔦𝔫𝔲𝔫𝔤 𝔰𝔬𝔩𝔠𝔥𝔢𝔰 𝔞𝔫𝔷𝔢𝔷𝔞𝔦𝔤𝔢𝔫" signifie que notre pensée mentale (opinion, avis) se retrouve ainsi guidée, adéquatement orientée, prévenue, éclairée, par les citations précédentes.

wasser. Der Totter ist Feuer, unnd hat auch ein Subtiler heütl um sich, das ist der Ober subtil Lufft, der da wermer unnd subtiler ist, so er nehner ist dem Feuer, unnd schaidet Feuer, u"d wasser. Mitten im totter ist das Fünfft, daraus das Jung Hüenlen wirt, unnd wechst. Also sein in ainem Aÿ, alle crefft mit sambt der materi daraus die volkhomen Natur geschöpft wirdet, unnd das wil auch sein, in diser edlen kunst.

Luft, und scheidet die Erde vom Wasser. Das Dotter ist Feuer, und hat auch eine subtilere kleine Haut um sich, das ist die oberste subtile Luft, die da wärmer und subtiler ist. So näher ist er ist vom Feuer und scheidet Feuer, und Wasser. Inmitten des Dotters ist das fünfte, daraus das junge Hühnchen wird und wächst. Also sein in einem Ei, alle Kräfte mit samt der Materie, daraus die vollkomme Natur geschöpft wird, und das will auch in dieser edlen Kunst sein.

peau autour de lui : c'est l'Air subtil supérieur qui, là, est plus chaud et plus subtil ; ainsi il est plus près du Feu et sépare le Feu de l'Eau. Au milieu du jaune de l'œuf est le Cinquième [élément] d'où le jeune poulet vient à l'existence et croît. Ainsi sont rassemblés dans un œuf toute la force et tous les matériaux (sans exception)[87] desquels la parfaite Nature a été puisée, et il doit aussi en être ainsi dans ce noble Art.

---

[87] L'expression "mit sambt" ressemble à un pléonasme ("avec avec"), mais peut aussi se traduire par "avec tous sans exception". Toutefois, le malaise persiste en lisant la suite, car "der materi" est un génitif, que certains traducteurs préfèrent voir se rapporter au substantif "sambt". Mais "Samt" signifiant "velours" (donc, hors sujet), il faudrait alors lire "mit Samen der Materie" (avec la graine de la matière). Ce qui n'aurait rien d'absurde puisque le contexte évoque une matière minérale vivante évoluant au départ d'un germe, à l'instar de la graine en botanique, ou de l'œuf en zoologie.

# Die sechst gleichnus

Rosinus hat solches wellen anzaigen in eim gesicht, das er het von einem menschen der war Tod, unnd was doch aufs hübschest am Leib, ganß Weis wie ein Salß, der was in die glider zertaillt, unnd sein haubt was fein gulden, aber dem Leib abgeschniten, bej dem stund ein ungestalter Man von angesicht grausam unnd Schwartz, der het ain Zwischneidiges Schwert in seiner rechten Hand mit bluet vermailiget, unnd er was des gueten menschen Todschleger, Inn seiner linggen hannd het er ein zetl, daran stüend geschriben also, Ich hab dich darumb getöttet, das du ain oberflüssiges Leben oberkhumest, Aber dein Haubt wil Ich verpergen, damit nit die weltgailen dich finden, unnd in die erden verwüesten. Unnd deinen Leib begrab Ich auf das er Faul, vermer sich, und bri"g Unzellige Frucht.

# Das sechste Gleichnis

Rosinus hat das willen anzeigen in einem Gesicht, das er von einem Menschen hat, der tot war, und war doch das hübscheste Leib, ganz weiß wie ein Salz, er war in die Glieder zerstückelt, und sein Haupt war feines Gold, aber vom Leib abgeschnitten; bei ihm stände ein mißgestaltet Mann von grausam Angesicht und schwarz, der hat ein zweischneidiges Schwert in seiner rechten Hand mit Blut verschmiert, und er war der Totschläger des guten Menschen. In seiner linken Hand hat er einen Zettel, darauf also stehend geschrieben: "Ich habe dich darum getötet, sodass du ein oberflüssiges Leben überkommst. Aber dein Haupt will ich verbergen und in die Erde verwüesten, damit die Weltgeilen dich nicht finden. Und deinen Leib begrabe ich, dann das er faul, er vermehrt sich, und bringt unzählige Früchte.

# Sixième parabole

Rosinus[88] a voulu montrer cela par une vision qu'il eut d'un être humain qui était mort et était pourtant le corps le plus beau, entièrement blanc comme un sel, qui était démembré en morceaux, et sa tête était d'or fin mais coupée du corps. Près de lui se trouvait un homme difforme au visage cruel et noir, qui tenait une épée à double tranchant dans sa main droite, ensanglantée, et il était le meurtrier de l'homme bon. Dans sa main gauche, il tenait un bout de papier sur lequel était écrit ceci : "Je t'ai tué afin qu'une vie surabondante te soit transmise[89]. Mais ta tête, je veux la dissimuler et la dévaster dans la terre afin que les vicieux de ce monde ne puissent te trouver. Et ton corps, je l'enterre afin qu'il pourrisse, qu'il s'accroisse, et porte d'innombrables fruits."

---

[88] Également connu de nos jours sous le nom de Zosime de Panopolis.

[89] Le verbe "überkommen" signifie "s'emparer de, saisir, prendre", mais aussi "transmettre" (un savoir, une tradition…) ou "être plus fort que".

*Page suivante : Septième parabole.*

# Die sibend gleichnus

Ovidius der Alt Römer hat dergleichen anzaigt, so er schreibet von dem Weisen alten, der sich da widerumb wolt verJungen, Er solt sich lassen zertaillen, unnd kochen, bis zu seiner volkomenen kochung unnd nit fürbas. Dann wurden sich die glider widerum verainigen, unnd wurden Jungen in vil krefften.

# Das siebte Gleichnis

Ovidius der Alte Römer hat dergleichen angezeigt, so schreibt er von dem alten Weisen, der sich da wiederum verjüngen wollte, er sollte sich zerteilen lassen, und kochen bis zu seinem vollkommen Kochen und nicht weiter. Dann wurden sich die Glieder wiederum vereinigen und wurden jungen in viel Kräften.

# Septième parabole

Ovide, l'ancien Romain, a indiqué ceci lorsqu'il écrivit, au sujet du vieux sage qui voulait à nouveau rajeunir, qu'il devrait se laisser mettre en pièces, et cuire jusqu'à sa complète cuisson mais pas plus loin. Ensuite, les membres seront à nouveau rassemblés et rajeuniront, pleins de force.

# Hernachvolget die Aigenschafft der Natur dardurch sie ir würkhung hat.

## Der Viertte Tractat.

# Hernach folgt die Eigenschaft der Natur dadurch sie ihre Wirkung hat.

## Der vierte Traktat

# Suit ci-après la propriété de la Nature par laquelle elle obtient son résultat.

## Quatrième opuscule

Aristoteles Im Puech von der geburth. Spricht also, die Sonn, unnd der Mensch geberen ainen Menschen, dann die crafft unnd geist der Sonnen machen lebendig. unnd das geschichet Sibenfeltiger weis, unnd durch würkung der Sonenhiß. Nach dem aber die Philosophi in Irem werk der Natur mit kunst helfen muessen, So müesseⁿ sie auch mit kunst ein hiß regieren gemes der Sonneⁿ, auf das sie gebern mügen, den obberurten Stain, und das geschichet auch Sibenfeltig. **Erstlich** gezimet disem werk ein solche Hiß, die da waich mach unnd schmelß die taill der Erden die dikh unnd Hertt zesamen gepachen sein. Davon redet also Socrates. Es werden aufgethon die Löcher, unnd Rüs der Taill des Erterichs, das es an sich nemen mag, die crafft des Feuers, unnd Wassers.

Aristoteles im Buch von dem Geburt spricht also: "Der Samen[90] und der Mensch gebären einen Menschen, dann machen die Kraft und der Geist des Samens[90] lebendig, und das geschieht siebenmal, und durch die Wirkung der Sonnenhitze". Aber nachdem müssen die Philosophen in ihrem Werk der Natur mit Kunst helfen, so müssen sie auch mit Kunst eine Hitze regieren, gemessen der Sonnen, auf das mögen sie den obigen Stein gebären, und das geschieht auch siebenmal. **Erstens** geziemt diesem Werk eine solche Hitze, die da weich und schmelzend die Teile der Erde macht, die dick und hart zusammengefügt sind. Davon redet also Socrates: "So werden die Löcher und Risse der erden Teile aufgetan, sodass es an sich die Kraft des Feuer und Wasser nehmen mag".

Aristote, dans le Livre de la Naissance, parle ainsi : "La semence[90] et l'être humain engendrent un être humain ; ensuite, la force et l'esprit de la semence[90] rendent vivant, et cela se produit de manière septuple[91], par l'action de la chaleur du Soleil." Après quoi, cependant, les Philosophes, dans leur travail, doivent aider la Nature avec art, ainsi doivent-ils aussi, avec art, gérer une chaleur, mesurée selon le Soleil[92], avec laquelle ils peuvent engendrer la susdite Pierre, et cela se produit aussi sept fois. **Premièrement**, une telle chaleur convient à ce travail pour rendre molle et faire fondre les parties de la Terre qui, épaisses et dures, sont assemblées. C'est ce dont discourt Socrate : "Les trous et crevasses des parties terrestres se sont ouvertes afin qu'elles puissent recevoir en elles la force du Feu et de l'Eau".

---

[90] Le manuscrit de Londres contient en réalité les mots "Sonn" et "Sonnen" (Sonne = soleil). Or, bien que l'auteur ait précédemment polarisé les principes vitaux en masculin/féminin, ou en évoquant Soleil et Lune, il est manifeste que le Soleil et un humain ne suffisent pas à engendrer un humain. Ceci induit à suspecter une faute de copiste. De fait, la version du Splendor Solis imprimée à Rorschach en 1612 contient, à la place, le mot "Sam" (Samen → semence), graphiquement très proche, permettant de donner à la phrase une signification plus vraisemblable.

[91] Le mot "weis" associé à un adjectif forme une sorte d'adverbe qui se rend en français par le simple adverbe ou par l'adjectif, en y ajoutant "d'une manière..." [Dictionnaire Allemand - François..., Jean-Thomas de Trattnern, imprimeur, 1753].

[92] Dans la nature, la température varie selon l'intensité du soleil : selon les saisons ou l'heure du jour.

*Page suivante : Deuxièmement.*

**Zum Andern** gezimbet sich der hißen dann durch Jr Crafft wirdet von der Erden getriben alle Finsternus, und also erleücht sie, Auf das Spricht Senior, es macht die Hiß ain Jedliches ding das Schwartz ist, weis, unnd ein Jedes weiß ding Rot. Wann als auch das wasser weis machet, also erleucht das Feuer, als dan auch in der Farb erscheinet die gesubtilirte erde wie ein Rubin. Durch den tingirenden geist den sie uberkhomet, aus der Crafft des Feuers, Auf solches Spricht Socrates, du wirst sehen, ain wunderliches Liecht in der Fünsternus.

**Zum anderen** geziemt sich die Hitze, dann durch ihre Kraft wird von der Erde alle Finsternis getrieben, und also erleuchte sie, auf das spricht Senior: "Durch die Hitze macht es weiß jegliches Ding, die schwarz ist, und rot jedes weißes Ding". Wenn als auch das Wasser weiß macht, also erleuchte das Feuer, als dann auch in der Farbe erscheint die subtile Erde wie ein Rubin durch den färbenden Geist, den sie aus der Kraft des Feuer überkommt. Auf solches spricht Socrates: "Du wirst ein wunderbares Licht in der Finsternis sehen".

**Deuxièmement** la chaleur convient-elle, car par sa force, toute l'obscurité est chassée de la Terre, et aussi illumine-t-elle. Ce dont parle Senior : "La chaleur rend blanche chaque chose qui est noire, et rouge chaque chose blanche". Ainsi, de même que l'Eau blanchit, le Feu illumine, aussi apparaît aussi la Terre rendue subtile en une couleur semblable au rubis via l'esprit teignant qu'elle reçoit de la force du Feu. De cela parle Socrate : "Tu verras une étonnante lumière dans les ténèbres".

Zum Dritten, Dringt die Hiß In die Erdene ding ein geistliche Crafft davon steet geschriben in der Turba, machet die cörper geistlich, unnd das fix ist, macht flüchtig. von solcher würkung redet Rasis, Im puech von dem Liecht des Liechten, so er spricht, Man khan kain ding das schwer ist, Leicht machen, an hilff der Leichten ding. Auch mugen Leichte ding nit nidergetruckht werden, an Beistanndt der schweren ding.

Zum dritten dringt die Hitze in die erden Dinge eine geistliche Kraft, davon steht in dem Torf geschrieben, macht die Körper geistlich, und was fix ist, macht flüchtig. Von solcher Wirkung redet Rasis im Buch "Das Licht der Lichter", so spricht er: "Man kann kein Ding, das schwer ist, leicht machen ohne Hilfe der leichten Dinge. Auch mögen leichte Dinge ohne Beistand der schweren Dinge nicht niedergedrückt werden".

Troisièmement, la chaleur introduit dans les choses de la Terre une force de l'Esprit, dont il est écrit dans la Turba[93] qu'elle rend spirituel ce qui est corporel, et rend volatil ce qui est fixe. De cette action discourt Rasis dans le livre "Lumière des Lumières", en disant : "On ne peut rendre légère aucune chose qui soit lourde sans l'aide de choses légères. Ni une chose légère ne peut être rabaissée sans l'assistance de choses lourdes".

---

[93] La "Tourbe des Philosophes" (Turba philosophorum), ancien ouvrage d'alchimie, existe en deux versions. L'une parue en latin au XIIIème siècle, traduction d'un traité arabe du Xème siècle ; l'autre en français du XVème siècle, probable traduction d'un original en castillan du XIIIème siècle. "Tourbe" a plusieurs sens !

**Zum Vierten** Rainiget die Hiß, unnd schaidet ab das unrain ist, Wann sie nimbt ab die Mineralischen zuefell, unnd allen besen gestankh, und ermeret das Elixir. davon redet Hermes. Du solt absonndern das dikh ist von dem Subtillen. Die erde von dem Feuer, davon redet Alphidius also, Die erden lesset sich mer schmelßen unnd wirdet Feuer. Hierauf spricht Rasis, es sein etlich rainmachungen der ding, welch müessen vorgeen vor der volkhomen beraittung die genennet werden. Mundificatio, Ablutio, und Separatio, denn aller erst ist das werkh volbracht so die unrainen taill hinwegkh sein.

Zum vierten reinigt die Hitze, und scheidet ab, was unrein ist, wann sie nimmt den mineralischen Überschuß ab, und allen bösen Gestank, und vermehrt das Elixier. Davon redet Hermes: "Du sollst, was dick ist, von den Subtilen absondern. Die Erde von dem Feuer". Davon redet Alphidius also: "Die Erde läßt sich mehr schmelzen, und wird Feuer". Hierauf spricht Rasis: "Es ist etliche Reinigungen der Dinge, welche vor der vollkommenen Bereitung, die Mundificatio, Ablutio und Separatio genannt werden, vorgehen müssen". Denn allererste ist das Werk vollbracht, so die unreinen Teile hinweg sind.

Quatrièmement, la chaleur purifie et sépare ce qui est impur lorsqu'elle ôte l'excédent minéral et toutes les mauvaises puanteurs, et accroît l'élixir. C'est ce dont discourt Hermès : "Tu dois séparer ce qui est épais du subtile, la Terre du Feu". Ce dont discourt ainsi Alphidius : "La Terre se laisse fondre plus, et devient Feu". A ce sujet dit Rasès : "Il y a pas mal de purifications de choses qui doivent avoir lieu avant la parfaite préparation, et qui sont nommées Mundificatio, Ablutio, et Separatio". Car c'est une fois cet ouvrage accompli en tout premier, que sont éliminées les parties impures.

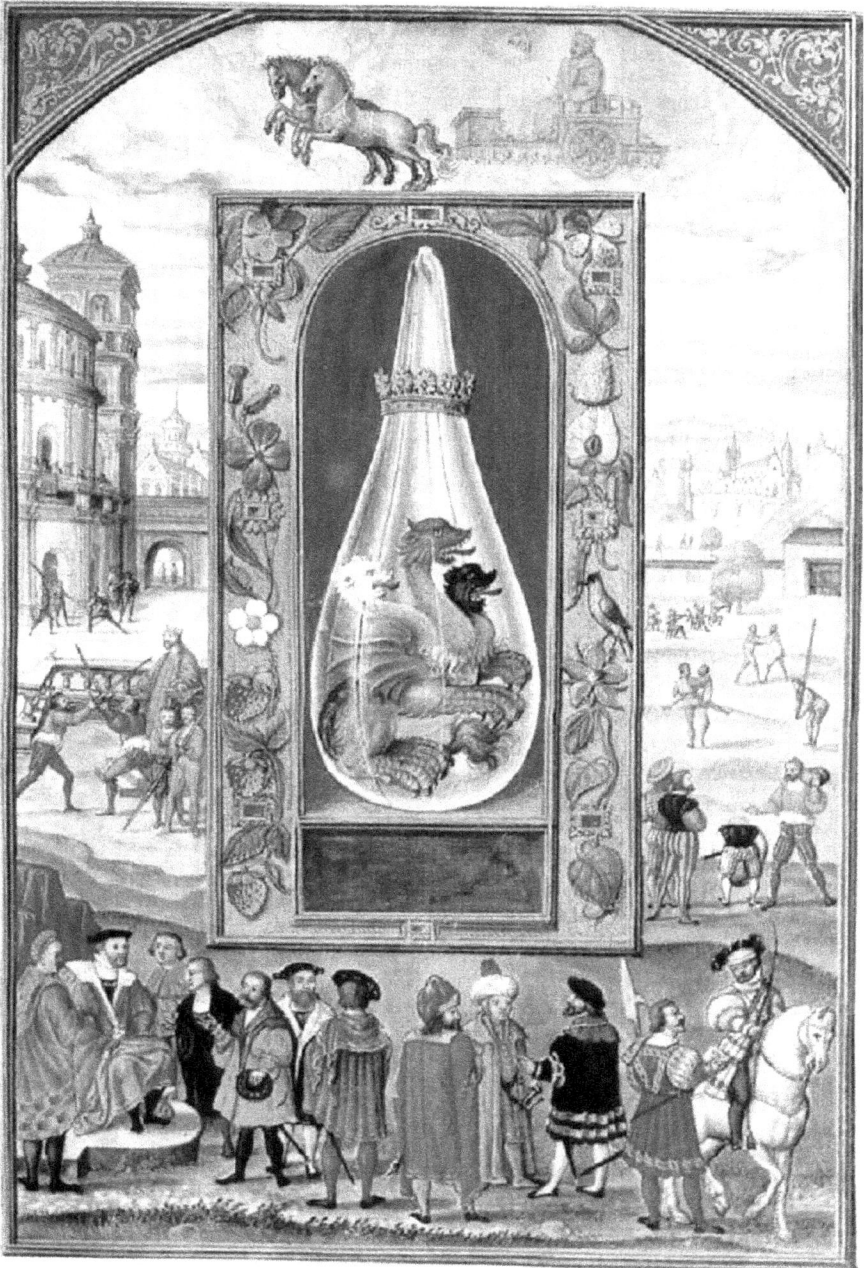

Zum Funften Erhöhet die Hiß, dann durch die crafft der hiß wirdet der verporgen Geist in der erden in den Lufft gebracht, unnd deshalbe sprechen die Philosophi. Welcher ein verporgen ding herfürbringen kan, der ist ein Maister diser kunst. Das will Morienes, so er spricht. welcher die Seel erquikhen kan, der wirdet Jr Farb sehen, unnd Alphidius spricht. Es sei dann, das diser tampf hinauf steige, sonst wirstu nicht davo haben.

Zum fünften erhöht die Hitze; denn, durch die Kraft der Hitze wird der in der Erde verborgene Geist in der Luft gebracht, und deshalb sprechen die Philosophen: "Welcher kann einen verborgenen Ding herbringen, ist er einen Meister dieser Kunst". Das will Morienus, so spricht er: "Welcher die Seele erquicken kann, der wird ihre Farbe sehen"; und Alphidius spricht: "Es sei dann, daß dieser Dampf hinauf steige, sonst wirst du nicht davon haben".

Cinquièmement, la chaleur élève ; donc, par la force de la chaleur, l'Esprit caché dans la Terre est élevé et emporté dans l'Air ; et c'est pourquoi les Philosophes disent : "Celui qui peut amener[94] une chose cachée, celui-là est un Maître en cet Art". C'est ce que prétend Morienus en disant : "Celui qui est capable de revigorer l'âme en verra sa couleur" ; et Alphidius dit : "Il importe que cette vapeur s'élève, sinon tu n'en obtiendras rien".

---

[94] Dans le sens de "amener au jour, faire émerger, rendre manifeste".

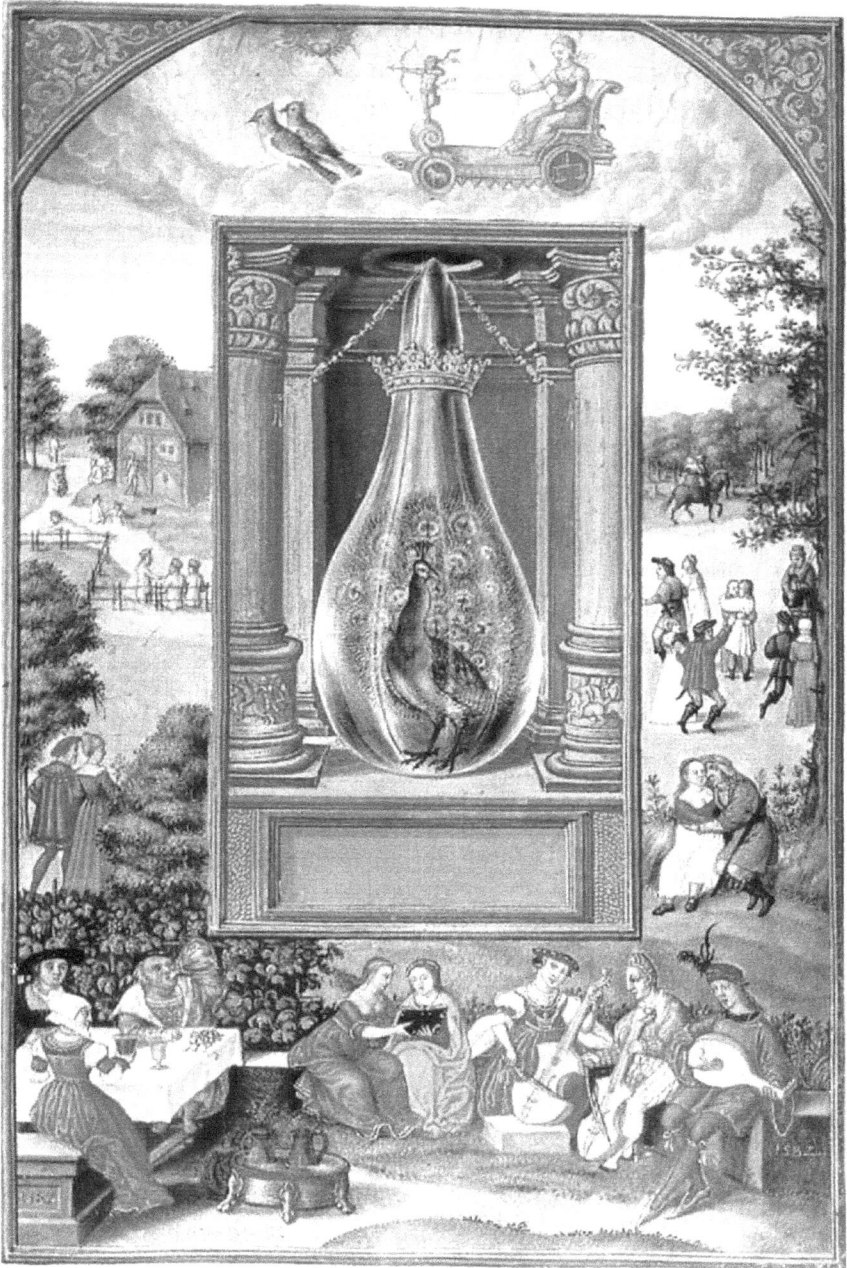

**Zum Sechsten.** So ist die Crafft von der Hiß, mit der Hiß also gemert in der Erden, das sie hat Ire zesamen getrungen taill resolvirt, und leicht gemacht. Das auch die ander$^n$ Element übertrifft, und deshalben sol dise hiß gemiltert werden, mit der kelten des Mons, Davo$^n$ spricht Calid also. Erleschet das Feuer ains di$^n$g, mit der kellte aines anndern dings.

**Zum sechsten,** so ist die Kraft von der Hitze, mit der Hitze also in der Erde gemehrt, das hat sie ihre zusammengedrückten Teile absorbiert und leicht gemacht. Das übertrifft auch die anderen Elemente, und deshalb soll diese Hitze mit der Kälte des Mondes gemildert werden. Davon spricht Calid also: "Erlischt das Feuer einer Ding mit der Kälte eines anderen Dinges".

**Sixièmement,** la force de la chaleur est tellement augmentée grâce à la chaleur qui est aussi dans la terre, qu'elle a désagrégé ses parties compressées ensemble, et les a rendues légères. Cela surpasse aussi les autres Éléments, et c'est pourquoi cette chaleur doit être modérée au moyen du froid de la Lune. Ce dont parlait Calid ainsi : "Le feu d'une chose s'éteint avec le froid d'une autre chose".

**Zum Sibenden.** Macht warm die Hiß die kalte Erden, die kellten halben tod gewesen ist, davon redet Socrates, Die Hiß, so sie durchgeet, machts Subtil alle Erdische ding, die zu der materi dienen, Aber zu kainer entlichen Form, so lang sie nit aufhoret, in die Materi zewürkhen, Die oberzelten Hißen, beschliessen die Philosophi, mit kurßen wortten, so sie sprechen. Distilir Sibenmal, so hastu abgesondert die zerstörlich feüchtigkait und geschicht als in ainer Distilation.

**Zum Siebten,** macht warm die Hitze die kalte Erde; die Kälte halben tot gewesen ist, davon redet Socrates: "Die Hitze, so geht sie durch, macht es subtil alle erden Dinge, die zu der Materie dienen, aber zu keiner endlicher Form, solange sie in die Materie nicht aufhört zu wirken". Bezüglich der oben ausgesetzten Hitze haben die Philosophen in wenigen Wörtern geschlossen, so sie sprechen: "Destilliere siebenmal, so hast du abgesondert die zerstörerische Feuchtigkeit und es geschieht als in einer Destillation".

**Septièmement,** la chaleur réchauffe la terre froide ; le froid est devenu à moitié mort. Ce dont parle Socrate : "La chaleur, ainsi traversant, rend subtiles toutes les choses terrestres qui servent à la matière, mais aucunement jusqu'à une forme finale, tant qu'elle ne cesse d'agir dans la matière". Au sujet des chaleurs exposées ci-dessus, les Philosophes ont conclu en peu de mots, parlant ainsi : "Distille sept fois, ainsi as-tu isolé l'humidité destructrice, et cela se passe comme dans une distillation".

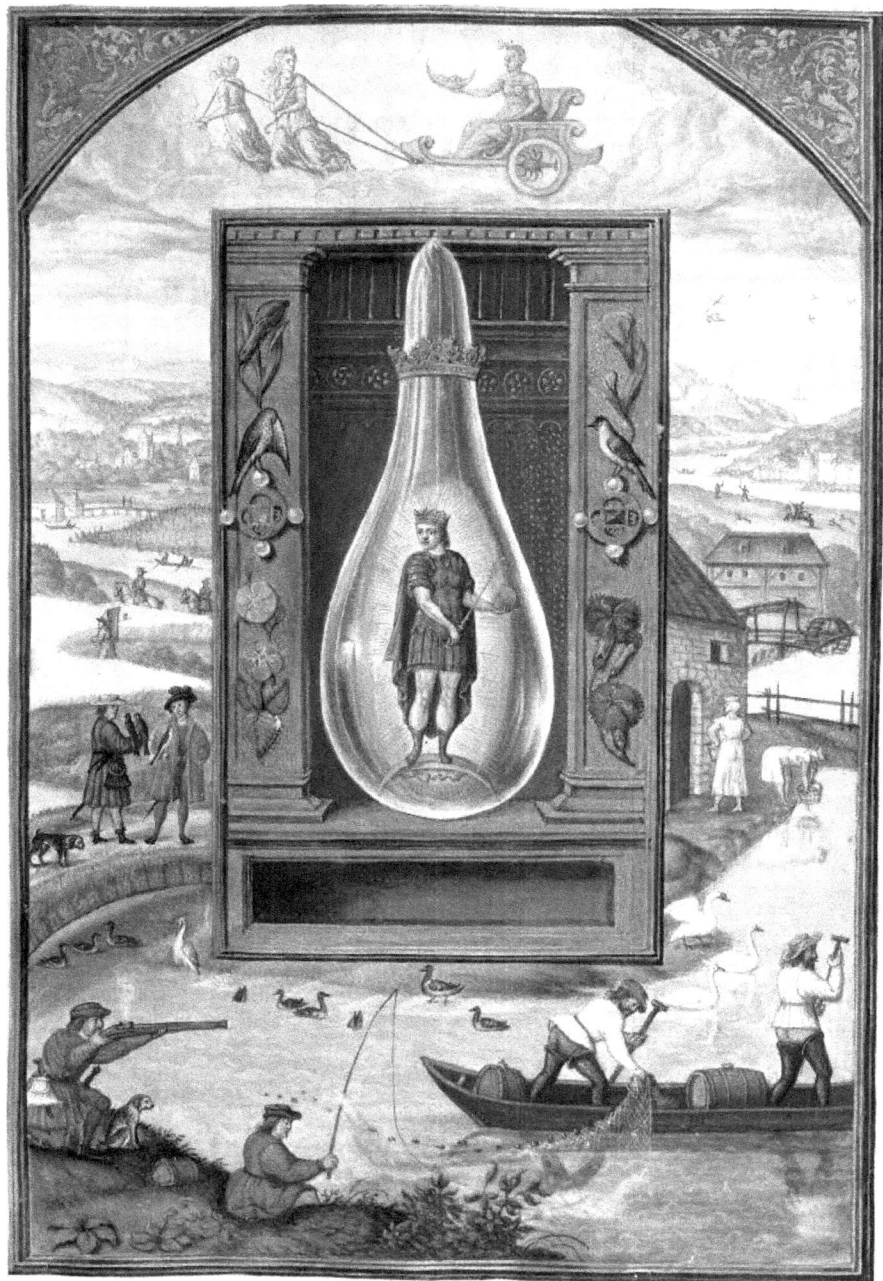

**Auctor der dreier Wort in sein**er Schrifften, gibt ein sonndere Leer zuRegiren. Di Hiß, oder das Feuer, und Spricht, so die Sunnen in dem Wider ist, zaichnet, sie den ersten grad, welcher schwach ist der Hiß halben, und ist ein Ordnung des Wassers. Aber so die Sunn im Leo ist, dan ist sie haisser, und bezaichnet den anndern grad, unnd das ist von wegen der grossen kellten des wasser, u"d ist ein Ordnung des Luffts. Im Schüßen ist der drit grad, unnd ist von kainer brenenden Hiß, und ist ein Ordnung dem Lufft, oder ein rue, und stillung.

## Der Autor der dreien Wörter gibt in seiner Schrift

eine sonderbare Lehre zu regieren die Hitze, oder das Feuer, und spricht: "So die Sonne in dem Widder ist, zeichnet sie den ersten Grad, welcher schwach der Hitze halben ist, und ist eine Ordnung des Wassers. Aber so die Sonne im Löwe ist, dann ist sie heißer, und bezeichnet den zweiten Grad, und das ist deswegen der großen Kälte des Wassers, und ist eine Ordnung der Luft. Im Schütze ist der dritte Grad, und ist von keiner brennenden Hitze, und ist eine Ordnung der Luft, oder eine Ruhe, und Stillung".

**L'auteur du "Trium Verborum"**[95], dans son ouvrage, a donné un enseignement singulier pour régenter la chaleur, ou le feu, et dit : "Lorsque le Soleil est en Bélier, il marque le premier degré, qui est faible, à mi-chaleur, et est de l'ordre de l'Eau. Mais lorsque le Soleil est en Lion, il est alors plus chaud et indique le second degré, et c'est à cause du grand froid de l'Eau[96], et est de l'ordre de l'Air. En Sagittaire se trouve le troisième degré, qui n'est pas d'une chaleur ardente, et est de l'ordre de l'Air, soit un repos et un apaisement".

---

[95] Le "Liber Trium Verborum" est attribué à Calid.

[96] La proposition "*et c'est à cause du grand froid de l'Eau*" étonne à cet endroit de la phrase. De plus, elle est absente dans la version éditée à Rorschach. Les deux textes contiennent de notables différences :

Actor der Vierte der Spüchwörter / inn seinen scrifften / gibt ein ander Lehr / zu regieren die Hiß / oder das Feur / und spricht / so die Sonn im Wider ist / zaiget sie den Ersten Grad / welcher schwachheit ist / der Hiß halben / und ist ein Ordnung deß <u>Luffts</u> im Löwen / da ist sie heisser / und bezaichnet den anderen grad / und das ist von wegen der grossen hiß deß Feurs / und ist ein ordnung deß Luffts / im Schüß der dritte grad / unnd keiner verbrenten hiß / sonder ein ordnung dem Lufft / oder ein Ruh / unnd stilligkeit.

Ces textes présentent l'un et l'autre des difficultés de compréhension, indice très probable d'erreurs de transcription dues aux copistes d'antan. Elles sont toutefois similaires quant à l'idée de base : Soleil en Bélier (début du printemps) → chaleur faible ; en Lion (été) → chaleur forte ; en Sagittaire (fin d'automne) → chaleur atténuée.

*Le texte qui suit, bien que subdivisé en plusieurs parties et chapeauté par un titre, fait partie du quatrième opuscule.*

# Volgt nun des ganßen Werkhs vilfeltige würkung, In vier kurßen Articul<sup>n</sup> begriffen[97] aigentlicher zubernemen.

Folgen nun die vielfältige Wirkungen des ganzen Werks in vier kurzen Artikeln enthalten zu eigentlich vernehmen.

Suivent maintenant les nombreuses opérations de tout l'œuvre, contenues[97] en quatre courts articles, pour comprendre[98] plus précisément.

---

[97] Le verbe "begreifen" (dont le *perfekt* est "begriffen") a aujourd'hui perdu plusieurs acceptions connues anciennement, telles que : tâter, tâtonner, patiner, manier, toucher, fouiller, surprendre, attraper, comprendre, saisir, contenir, enfermer, renfermer, embrasser... Ce n'est qu'au figuré qu'on lui attribuait sa signification actuelle : concevoir, comprendre, entrer dans la pensée de quelqu'un, entendre, pénétrer [Dictionnaire Allemand - François..., J.-T. de Trattnern, imprimeur, 1753].

[98] Le verbe "vernehmen", signifiant "apprendre", mais aussi "entendre, percevoir", doit ici être pris au sens figuré : "comprendre, percevoir le sens de".

**Das Erst** so sich geburt in der kunst Alchimie ist die auflesung, Dann es eruorderts di Ordnung der Natur, das der Corpus in ein Wasser gekhert werde, das ist ain Queksilber, und ist souil geredet, Das Lebendig Silber, Löset auf den Schwebl welcher im zuegefuegt, und zuegedigen ist, Unnd Dise auflesung ist nichts dann ein ertöttung des feüchten mit dem trucknen, unnd ist aigentlich die Putrefactio, unnd deshalben wirt die Materi Schwartz.

**Was erstens** so sich gebührt in der Kunst der Alchimie, ist die Auflösung, denn erfordert die Ordnung der Natur, daß das Corpus in einem Wasser umkehrt wird; das ist einen Quecksilber und man hat so viel geredet, daß lebendige Silber löst den Schwefel auf, welcher ihm zugefügt und gediegen ist, und diese Auflösung ist nichts als eine Tötung der Feuchte mit der Trockenheit, und ist eigentlich die Putrefacio und deshalb wird die Materie schwarz.

**La première** qui convienne [99] ainsi dans l'art d'Alchimie est la dissolution, car l'ordre de la Nature exige que le corps soit ramené en eau ; c'est un Mercure ; et il est tant dit que l'argent vivant[100] dissout le Soufre qui lui est ajouté, et est pur [101] ; et cette dissolution n'est rien d'autre qu'une mise à mort de l'humidité au moyen de la sécheresse et est, à vrai dire, la putréfaction, et c'est pourquoi la matière devient noire.

---

[99] Le verbe pronominal "sich gebühren" a aujourd'hui le sens de "être dû, revenir de droit" ou "mériter le respect". Autrefois, il avait aussi le sens de "convenir" (être adéquat). Cependant, en néerlandais, langue germanique proche de l'allemand, le verbe pronominal "zich gebeuren" signifie "se produire, survenir, arriver, avoir lieu". Il faudrait alors lire, par exemple : « La première à avoir lieu ainsi dans l'art d'Alchimie... »

[100] Nous avons volontairement conservé l'expression "argent vivant" pour souligner avec insistance la présence de la Vie dans ce Mercure communément appelé "vif-argent".

[101] Le *perfekt* (participe passé) "zuegedigen", éventuellement adjectivé, a résisté à toutes nos recherches. Le sens rendu ici est plausible mais incertain.

**Das Ander** Ist die Coagulatio die ist das Wasser, widerum verkhern in denn Corpus, und ist sovil gereth, das der Schwebel, so vom Lebendigen Silber widerumb aufgelest ist, das er dasselbig Lebendig Silber widerum halt, unnd zu im zeuch, und aus dem wasser die erden werde, oder der Corpus, unnd da ist vonnöten ander und villerlai Farben erzaigen, dann so sich wandel" die Aigenschafften des würkenden dings mues vor die schicklichait des Leidenden dings, gewandelt werden. Wann warumb, in der auflesung, ist das Lebendig Silber gleich dem würkhenden. Aber in der Coagulation ist es das Leident, darein gewürkhet wirdet, und deshalb wirdet dise kunst zugleichet dem Spill der künder, die so sie spillen, das so oben gelegen, Ligt Jetzt unndten.

Die zweite ist die Coagulatio, die das Wasser wiederum verwandelt in dem Corpus, und es ist so viel geredet, daß der Schwebel so von dem lebendigen Silber wiederum aufgelöst ist, daß er dasselbe lebendiges Silber wiederum hält, und zu ihm zieht, und aus dem Wasser wird die Erde (oder der Corpus), und da ist vonnöten daß sich anderen und vielerlei Farben zeigen, dann so wandeln sich die Eigenschaften des wirkenden Dings, muß das erleidenden Ding durch die Reaktion gewandelt werden. Wann warum ist in der Auflösung das lebendige Silber gleich die Wirkenden. Aber es ist in der Coagulation das Erleidend, darein gewirkt wird, und deshalb wird diese Kunst dem Spiel der Kinder verglichen, die so sie spielen, so oben gelegen, liegt jetzt unter.

**La seconde** est la coagulation, qui convertit[102] à nouveau l'eau en corps. Et il est tant dit que le Soufre ainsi obtenu de l'argent vivant par redissolution, qu'il adhère[103] à nouveau à ce même argent vivant, et le tire à lui[104], et hors de l'eau fasse émerger les terres (ou : le corps), et là est-il nécessaire qu'apparaissent d'autres et nombreuses couleurs, car ainsi se transforment les propriétés d'une chose agissante, la chose subissante doit, par[105] l'opération[106], être transformée[107]. C'est pourquoi, lors de la dissolution, l'argent vivant est pareil aux agents[108]. Mais dans la coagulation, il est celui qui subit, dans lequel a lieu l'action ; et c'est pourquoi cet art est comparé à un jeu d'enfants qui, lorsqu'ils jouent ainsi, font que ce qui se trouvait en haut se retrouve maintenant en bas.

---

[102] Le verbe allemand "verkehren" a aujourd'hui perdu le sens de "tourner en, changer, convertir" qu'il avait autrefois (parmi d'autres acceptions), et que le néerlandais "verkeren" a conservé.

[103] Le verbe "halten" (tenir) prend ici le sens de "adhérer".

[104] Le mot "ʒeucht" est une forme vieillie de "zieht" (du verbe "ziehen" = "tirer, extraire") [Duden online Wörterbuch].

[105] Le manuscrit de Londres contient, sans aucun doute possible, le mot "vor" (= avant), ce qui rend malheureusement la phrase difficilement compréhensible. Par contre, la version imprimée à Rorschach contient à la même place le mot "von" (= de, par). C'est cette dernière acception que nous avons retenue, par déduction logique, en supposant une erreur de transcription, mais change assez fondamentalement le sens (probable) de la phrase !

[106] La signification de "Schicklichkeit" est examinée dans l'Annexe 2.

[107] Plusieurs altérations ayant vraisemblablement affecté cette partie de phrase, une autre traduction est possible – et tout aussi plausible – indiquant qu'au contraire, c'est la chose subissant l'action qui affecte en retour les propriétés de la chose agissante. Par exemple, un acide agissant sur une base perd sa propriété acide.

[108] Les "agents", ou "les agissants" (die Wirkenden), sont les substances qui agissent (par opposition à celles qui subissent l'action).

*Page suivante : La troisième.*

**Das dritte** Ist die Sublimatio durch welche der Jeßgemelten erde Feuchtigkait distilirt wirdet, dann so das wasser in die erden Reducirt ist, so ergibt es sich in die Leüchtigkait des Luffts und erhebt sich ober die erden, als ein Langlecht welklen, gleich ainem Aÿ, das ist der Geist des fünfften Wesens, so genenet wirt die Tinctur, Fermentum, a$^{n}$i$^{m}$a, oder das Öl, unnd ist die allernegst materi, des Stain der Philosophi, dann durch die Sublimation entstet der Aschen, welcher sich aus aigner Crafft (im von Gott eingegeben) auflöset in mässigung des Feuer, unnd also bleibet die Erde Calcionirt im grunde des glas einer Feuerigen natur, und aigenschaft, und das ist die recht Philosophica Sublimatio, durch welche die volkhomen weis volbracht wirt. Darumb vergleicht man dise kunst der Weiber arbaitt das ist waschen das weis werd, Khochen und Brat$^{n}$ das genueg seÿ.

Das dritte ist die Sublimatio, durch welche die Feuchtigkeit der jetzt gemeldet Erde destilliert wird, denn so das Wasser in die Erde zurückgebracht ist, so ergibt es sich in die Leichtigkeit der Luft und erhebt sich über die Erde als eine längliche Wolke, gleich einem Ei, das ist der Geist des fünften Wesens, so genannt wird die Tinktur, das Ferment, Anima (Seele), oder das Öl, und ist die allernächste Materie des Steins der Philosophen, dann durch die Sublimation entstehen die Aschen, welche sich aus eigener Kraft (ihnen von Gott eingegeben) auflösen in Mäßigung der Feuer, und also bleibet die kalzinierte Erde, im Grund des Glas, einer feurigen Natur, und Eigenschaft, und das ist die richtige Philosophica Sublimatio, durch welche die vollkommene Weise vollgebracht wird. Darum vergleicht man diese Kunst mit der Arbeit der Weibe, das ist waschen, bis das weiß wird, kochen und braten, bis das genug sei.

**La troisième** est la sublimation, par laquelle l'humidité de la terre susmentionnée est distillée, car de même que l'eau est ramenée [109] dans la terre, de même il en ressort dans la légèreté de l'air [110] et s'élève au-dessus de la terre, comme un petit nuage allongé pareil à un œuf ; c'est l'esprit de la cinquième essence [111], qui a été dénommée la teinture, le ferment, l'âme, ou l'huile, et est la matière la plus proche de la Pierre des Philosophes. Alors, par la sublimation se constituent les cendres, lesquelles, de par leur propre force (donnée par Dieu), se dissolvent par la modération du feu ; et donc reste, au fond du verre, la terre calcinée, d'une nature et d'une propriété ignées. Et c'est là la juste sublimation philosophique par laquelle le procédé [112] parfait est accompli. C'est pourquoi l'on compare cet art à un travail de femmes, à savoir laver jusqu'à blanchir, cuire et rôtir jusqu'à suffisance.

---

[109] Plutôt que traduire "Reducirt" par "réduit", nous avons préféré nous référer au sens premier du latin "reducere" (reduco, -is, -ere, -duxi, -duxum) : **1.** Ramener, faire revenir, rappeler. **2.** Ramener à soi, retirer. **3.** Faire revivre, rétablir, restaurer. **4.** Réduire, restreindre.

[110] En allemand, le nom "Luft" (air, vent, ciel, éther, atmosphère) est féminin. Etrangement, le manuscrit de Londres, tout comme l'édition de Rorscach, l'utilisent au génitif ("des Luffts"), forme réservée aux noms masculins ou neutres.

[111] Ou "quinte essence". Sans rapport avec le carburant pour véhicules, le nom "Wesen" désigne le un être dans sa nature fondamentale, principielle.

[112] Le nom "Weise" peut, entre autres, se traduire par "manière, façon, manière de faire", ce que nous avons rendu par "procédé".

*Page suivante : La quatrième.*

**Das Viertt** Und Letzt das sich gebürt ist das dises Wasser, So von der Erden gesundert ist widerumb mit der Erden verainiget werde, das aines umbs annder gescheche, soll anders der Stain volennd werden, Wann warumb. alles das in den natürlichen dingen zuhauff. oder in ain Corpus gefuegt ist, das ist darumb das ein ainigs Compositum sei.

In den Jetzgemelten vier Articuln ist alles das begriffen, davon die Philosophi die gannße Wellt mit unzelichen vil Büechern erfüllet haben.

Das vierte und letzte daß sich gebührt ist daß dieses Wasser, so von der Erde gesondert ist, wiederum mit der Erde vereinigt wird, daß ein mit anderem geschieht, soll anders der Stein vollendet werden, wann alles das in den natürlichen Dingen zuhauf, oder in einem Corpus gefügt ist, das ist darum, das es ein einige Komposition sei.

In den jetzt obenerwähnten vier Artikeln ist alles inbegriffen, womit die Philosophen die ganze Welt mit viel unzähligen Büchern erfüllt haben.

**La quatrième** et dernière qui convienne est que cette eau, ainsi séparée de la terre, soit à nouveau réunie à la terre, qu'une se produise par[113] l'autre, sans quoi la Pierre ne pourra être accomplie ; la raison pour laquelle tout, parmi les choses naturelles, est assemblé ou est conjoint à un corps, est que cela soit d'une unique composition.

Dans les quatre articles ci-dessus se trouve compris tout ce dont les Philosophes ont rempli le monde entier d'innombrables livres.

---

[113] Le mot "umbs" (actuellement "ums") est la contraction de "umb das". "Um" peut être adverbe, préposition, ou conjonction, et peut se traduire de très nombreuses façons, selon le contexte.

# Von der Regirung des Feuers.

So Ain ding der hiß beraubet ist, So wirdet kain beweglichait da sein, In der Ordnung Verwanndelt sich der Vatter in den Son, das ist sovill [geredt [115]] das Geistlich ist leiblich, unnd das fluchtig bleiblich gemacht, oder Sonn, unnd Mon sein zu hauff khomen. Von disen zwaien Planeten redet Senior also. Ich bin ain Haisse, und Truckene Sonn, unnd du Luna, bist kalt, unnd Feucht, unnd so wir aufsteigen werden, in di Ordnung der Eltesten So wirt unns eingegossen ein Prinends Liecht, das ist durch Leer, und maisterschafft der Alten, wirt empfangen die erneuerung der Feuchtigkait, unnd Sonn unnd Mon werden Durchleuchtig.

**Inn** der Scala Philosophorum steet also vom Feuer Die Hiß, oder das Feuer, des gannßen Werkhs, ist nit ainer ainigen Form, dann es sprechen etlich das die Hiß des Ersten Regiments soll sein als die Würm ainer Prüetenden Hennen, etlich sprechen, als die Naturlich in

# Von der Regierung des Feuers

So ein Ding der Hitze beraubt ist, so wird keine Beweglichkeit da sein. In der Ordnung verwandelt sich der Vater in den Sohn, das ist so viel geredet, daß geistlich leiblich ist, und daß flüchtig macht bleibend, oder [daß] Sonne und Mond zu Hause kommen. Von diesen zwei Planeten redet Senior also. "Ich bin eine heiße und trockene Sonne, und du Luna bist kalt, und feucht, und so werden wir in der Ordnung der Ältesten aufsteigen. So wird uns ein brennendes Licht eingegossen, das ist durch die Lehre und die Meisterschaft der Alten, wird die Erneuerung der Feuchtigkeit empfangen, und die Sonne und der Mond werden Durchlaucht".

In der "Scala Philosophorum" steht also vom Feuer : "Die Hitze, oder das Feuer, des ganzen Werks, ist nicht einer einigen Form, dann sprechen etliche, daß die Hitze des ersten Regiments als die Wärme einer ausbrütenden Henne soll sein; etliche sprechen als die

# Du régime[114] du feu

Si une chose est dépouillée de sa chaleur, il ne peut alors s'y trouver aucune mobilité. Selon la règle, le père se transforme en fils ; il est tellement [dit][115] que le spirituel devient physique, et que le volatil rend permanent[116], ou que Soleil et Lune arrivent en Domicile[117]. De ces deux Planètes, Senior en discourt ainsi : "Je suis un Soleil très chaud et sec, et toi, Lune, tu es froide et humide, et, ainsi nous nous élèverons selon la règle des plus anciens ; ainsi sera déversée en nous une lumière ardente ; c'est par l'apprentissage[118] et la maîtrise des Anciens que sera reçu le renouvellement de l'humidité ; et Soleil et Lune deviennent illustres[119]".

Dans la "Scala Philosophorum"[120], il est aussi écrit au sujet du feu : "La chaleur (ou le feu) de tout l'œuvre n'est pas d'une forme unique". C'est pourquoi beaucoup disent que la chaleur du premier

---

[114] Deux sens du mot "régime" sont ici pertinents. 1. Mode de fonctionnement (ex.: à plein régime). 2. Ensemble d'institutions, de lois, de procédures caractérisant un mode d'organisation (ex.: régime politique). "Régir" a pour synonyme "gérer", et "Regierung" peut se traduire tant par "gestion" que "gouvernement" (ou "pouvoir").

[115] Signifiant que cette règle est abondamment réputée. Le mot "𝔤𝔢𝔯𝔢𝔡𝔱", ici manquant, est présent dans d'autres versions du Splendor Solis. Celle imprimée à Rorschach présente d'ailleurs de notables différences, au point d'entraîner une tout autre traduction (voir Annexe 3 "Von der Regierung des Feuers").

[116] Permanent, durable, ou, en langage alchimique : "fixe".

[117] Allusion astrologique.

[118] Phonétiquement, "Leere" (vide) et "Lehre" (doctrine, leçon, apprentissage) sont très proches !

[119] Le mot "𝔇𝔲𝔯𝔠𝔥𝔩𝔢𝔲𝔠𝔥𝔱𝔦𝔤" pousse à la réflexion. Les anciens dictionnaires le traduisent par "transparent, diaphane" et, au figuré "illustre", voire même "déchiré" (d'où la transparence, surtout appliquée à la brillance solaire). Toutefois, le sens de "illustre" est à rapprocher de "𝔇𝔲𝔠𝔥𝔩𝔞𝔲𝔠𝔥𝔱𝔦𝔤" qui signifie lui aussi "illustre, déchiré, usé, transparent", mais surtout "sérénissime", titre honorifique royal ou princier, réservé aux altesses. Cette dernière acception est probablement la plus plausible, insistant sur la noble élévation des deux astres.

[120] Ancien texte latin repris dans un recueil de divers écrits alchimiques, imprimé en 1541 à Nuremberg par Johannes Petreius sous le titre "De Alchemia".

der Däung der Speis, unnd Narung des Leibs, Etlich sage[n] als die Hiß der Sonnen, so sie im Wider ist. Wiewoll der Stain durch ain würkhung volbracht wirdet, nichts es minder verändert sich die schiklichait des Feuers, Drivaltig. Die erst schikhlichait sol sein Lind und mäsig, die soll weren[122], bis die Materi erschwartzt, auch verrer bis sie in die Weiß verkert ist, unnd die Hiß wirdet vergleicht der Sonnenhiß, so sie im Wider ist, unnd anfechet zesein im Stier. So die Weiß erscheinet, sol gemert werden das Feuer, bis auf die volkomen austrukung oder äscherung des Stains, unnd die Hiß wirdet zuegleichet der Sonnenhiß, so sie ist im Stier, und anhebet zusein im Zwilling. Unnd so nun der Stain getruknet, unnd geäschert ist, so wirdet das Feuer widerum gesterkhet, bis er volkomen Rot, unnd mit Königlichem Claid, vom Feuer beclaidet ist, und dise Hiß wirdet vergleichet der Sonnenhiß, So sie im Leo, das ist in Ir Hechsten Würdigkhait Ires Hauß. Das sei nun genueg geredet, von der Regirung des Feuers.

natürliche [Hitze] in der Verdauung der Speise, und die Nahrung des Leibs; etliche sagen als die Hitze der Sonne, so sie im Widder ist. Wiewohl der Stein durch eine Wirkung vollbracht wird, die *Schicklichkeit* des Feuers verändert sich nichts weniger als dreimal. Die erste *Schicklichkeit* soll lind und mäßig sein, sie soll wärmen, bis die Materie schwärzt, auch weiter bis sie in dem Weiß verkehrt ist, und die Hitze wird mit der Sonnenhitze verglichen, wenn sie im Widder ist, und facht an im Stier zu sein; so erscheint das Weiß; das Feuer soll bis auf die vollkommene Trockenlegung oder Einäscherung des Steins gemehrt werden, und die Hitze wird zu vergleichen mit die Sonnenhitze, wenn sie im Stier ist und hebt an, in Zwillingen zu sein. Und so, nun der Stein getrocknet und in Asche ist, so wird das Feuer wiederum gestärkt, bis er vollkommen rot ist, und mit einem königlichen Kleid vom Feuer bekleidet ist, und diese Hitze wird mit der Sonnenhitze verglichen, so ist sie im Löwe, das ist ihre höchste Würde ihres Hauses. Das sei nun genug von der Regierung des Feuers geredet.

régime devra être comme la chaleur d'une poule couvant ; beaucoup en parlent comme celle de la digestion naturelle de la nourriture et de l'alimentation du corps ; beaucoup la comparent à la chaleur du soleil lorsqu'il est en Bélier. Bien que la Pierre fut accomplie au moyen d'une opération, l'action[121] du feu doit elle-même être changée pas moins de trois fois. La première action doit être douce et modérée ; elle doit chauffer[122] jusqu'à ce que la matière noircisse, et aussi, plus loin, jusqu'à ce qu'elle soit devenue blanche, et la chaleur devient comparable à la chaleur du Soleil lorsqu'il est en Bélier et s'attise pour aller en Taureau ; ainsi le blanc apparaît ; le feu doit être augmenté jusqu'à parfaite dessiccation, ou incinération de la Pierre, et la chaleur devient comparable à la chaleur du Soleil lorsqu'il est en Taureau, et s'élève pour aller en Gémeaux. Et ainsi, maintenant que la Pierre est séchée et réduite en cendres, le feu doit à nouveau être renforcé jusqu'à ce qu'elle devienne parfaitement rouge et, par le feu, soit revêtue d'un habit royal, et cette chaleur devient comparable à la chaleur du Soleil lorsqu'il est en Lion, soit dans sa plus haute dignité, en son Domicile. Qu'il en soit maintenant suffisamment dit au sujet du régime du feu.

---

[121] La signification de "Schicklichkeit" est examinée dans l'Annexe 2.

[122] Le contexte imposerait ici plus logiquement "wermen" → wärmen (chauffer).

# Von den Farben die sich erzaigen in Beraittung des Stains

## Der funfst Tractat.

# Von den Farben, die sich in Bereitung des Steins zeigen

## Der fünfte Traktat

# Des couleurs qui se montrent dans la préparation de la Pierre

## Cinquième opuscule

Miraldus der Philosophus Spricht Jnn der Turba, Es schwartzt sich zwirat, Es Gilbt sich auch zwirat, unnd wirt zwirat Rot, unnd darumben Khoch es, dann in der kochung erscheinen manicherlei Farben, unnd den Farben nach, wirt die Hiß veränndert. Unnd wiewoll alle Farben erscheinen, so sein doch allain Drei, die Fürtreffen unnder allen, Als Haubtfarben, und sein, die Schwartz, Weiß, unnd Rot, zwischen denen erscheinen manicherlai Farben, Ein gelbliche Farb, unnd nach der Weiß, oder nach der Ersten Rot, Die meldet Miraldus nit aus der ursach, das sie kain volkomene Farb ist. Wie Ciliator sagt, unnd bestet in der Materi kaum so lanng, das man sie sechen mag. Aber die ander gelbliche Farb, die sich ergibet nach der volkhomen Weiß, u"d vor der Lesten Rote, die erzaigt sich ain zeitlang in der Materi. Unnd darumb habens etlische Phÿ: auch für ain Haubtfarb geachtet. Das will Miraldus, wie obengemelt, sie wert aber nit so lang, als die Schwartz, Weiß, oder Rote, welche in der Materi steen über vier tag, die Schwartz, und Rote, khomen zwier albeg volkhomer, zum

Miraldus, der Philosoph, spricht in der Turba: "es schwärzt sich zweimal. Es vergilbt sich auch zweimal, und wird zweimal rot, und darum kocht es"; dann in dem Kochen erscheinen mancherlei Farben, und nach den Farben wird die Hitze verändert. Und wiewohl alle Farben erscheinen, so sind sie doch allein drei die übertreffen allen. Als Hauptfarben sind das Schwarz, Weiß, und Rot; zwischen denen mancherlei Farben erscheinen: eine gelbliche Farbe, nach dem Weiß, oder nach dem ersten Rot (die Miraldus nicht aus der Ursache meldet), die keine vollkommene Farbe ist. Wie Ciliator sagt: "und sie besteht in der Materie kaum so lang, das man sie sehen mag". Aber die andere gelbliche Farbe, die sich nach dem vollkommenen Weiß ergibt, und vor dem letzten Rot, die sich ein Zeitlang in der Materie zeigt. Und darum haben es etliche Philosophen auch für eine Hauptfarbe geachtet. Das will Miraldus sagen, wie oben gemeldet: "sie wehrt aber nicht so lang als das Schwarz, das Weiß, oder das Rot, welche in der Materie über vier Tage stehen; das Schwarz und das Rot kommen zweimal immer vollkommener, zum andermal ist

Miraldus, le Philosophe, dit dans la Turba : "Ça se noircit deux fois. Ça se jaunit aussi deux fois et devient rouge deux fois, et c'est pourquoi ça cuit". Alors, durant la cuisson apparaissent de nombreuses couleurs, et selon les couleurs, la chaleur est changée[123]. Et quoique toutes les couleurs apparaissent, elles ne sont pourtant que trois qui les surpassent toutes. Les couleurs principales sont le noir, le blanc, et le rouge ; entre celles-ci apparaissent maintes couleurs : une couleur jaunâtre, après le blanc, ou après le premier rouge (dont Miraldus ne nous signale pas la cause), et qui n'est pas une couleur parfaite. Comme dit Ciliator : "elle n'existe dans la matière à peine aussi longtemps qu'on puisse la voir". Mais l'autre couleur jaunâtre qui se fait voir après le blanc parfait, et avant le dernier rouge, se montre un certain temps dans la matière. Et c'est pourquoi beaucoup de Philosophes l'ont estimée comme une couleur principale. C'est ce que Miraldus voulait dire, comme signalé ci-dessus : "elle résiste[124], mais pas aussi longtemps que le noir, le blanc, ou le rouge qui sont présents dans la matière plus de quatre jours ; le noir et le rouge apparaissent toujours deux fois[125] plus parfaitement ; une autre fois, cependant, la première

---

[123] En physique actuelle, on conçoit que c'est le niveau de chaleur qui modifie la couleur de la matière, mais ici, l'auteur met en évidence la réciproque : la couleur est une indication de la température atteinte.

[124] Le verbe "résister" a ici été choisi en supposant que le mot "wert" ne dérive pas de "werden" mais de "wehren".

[125] Les mots "zwier" et "albeg" n'existent plus. "zwier, zwirat" sont devenus "zweimal" (= deux fois) ; "albeg" est devenu "allweg", lui aussi vieilli et inusité, signifiant "toujours, encore, en tout temps, partout, en tous lieux, absolument".

andernmall, Aber die erst volkhomen Farb ist die Schwartz, die sich ergibt in der aller Lindesten Hiß. Davon redet Ciliator also, die waichmachung soll in der Linden wirm geschechen, bis die Schwartz vergeet, Unnd darumb spricht Lucas der Phüs in der Turba, Huettet euch vor starkhem Feuer. Dann so Ir Im anfanng ain überiges Feuer macht so wirdets vor der Zeit Rot, unnd das ist euch nit nutz. Dann Warumb, Im Anfanng seiner Regierung, solt Ir haben die Schwartz, darnach die Weiß, unnd aufs Leßt die Rot.

**Baltheus** der Phus In der Turba sagt also. Koch dein Compositz, bis du sie weis gesichest, Lesch ab im Essig, unnd schaide die Weiß, von der Schwerß, dan die Weiß ist ain Zaichen, unnd nechnet sich der Fixion. sie bedarf auch das sie durchs Feuer der Calcionirung ausgezogen werde von der Schwartzen, dann sie schaiden sich also durch meerung der Hiß, die überflussigen tail, u"d bleibet ein grobe Erde, unnder der Materi des Stain, wie ain Schwartze Rogle erden, die sich nit mer vermischt mit der Rainen, unnd Subtillen Materi des

aber die erste vollkommene Farbe das Schwarz, das sich in der allen lindesten Hitze ergibt". Davon redet Ciliator also: "die Weich-machung soll in der linden Wärme geschehen, bis die Schwarz vergeht", und darum spricht Lucas der Philosoph in der Turba: "hütet euch vom starken Feuer. Denn so ihr am Anfang eines übermäßigen Feuers macht, so vor der Zeit rot wird, und das ist euch nicht nütze. Das ist dann warum, am Anfang seiner Regierung, sollt ihr das Schwarz haben; danach das Weiß, und, schließlich, das Rot.

**Baltheus** der Philosoph sagt also in der Turba, Koch deine Zusammensetzung, bis du sie weiß siehst, lösche im Essig ab, und scheidet das Weiß von dem Schwarz (denn ist das Weiß ein Zeichen, und der Fixation nähert sich), sie bedarf auch das sie, durch das Feuer der Kalzinierung, die von dem schwarzen ausgezogen wurde, dann scheiden sie sich also, durch die Mehrung der Hitze, die überflüssigen Teile, und bleibt eine grobe Erde, unter der Materie des Steins, wie eine schwarze rohe Erde, die sich nicht mehr vermischt

couleur parfaite est le noir, qui apparaît dans la chaleur la plus douce". Ce dont discourt Ciliator ainsi : "Le ramollissement doit avoir lieu dans la douce chaleur, jusqu'à ce que le noir disparaisse" ; et c'est pourquoi Lucas, le philosophe, dit dans la "Turba[126]" : "Méfiez-vous du feu fort". Car si vous faites un feu excessif au début, alors le rouge apparaît avant son temps, et cela ne vous est pas utile. C'est pourquoi au début de son régime, vous devez obtenir le noir, ensuite le blanc, et, en dernier, le rouge.

**Baltheus**, le Philosophe, dans la "Turba", dit ainsi : "Cuis ton composé jusqu'à ce que tu le voies blanc ; éteints-le dans du vinaigre, et sépare le blanc du noir (parce que le blanc est un signe, et la Fixation approche) ; il a aussi besoin, par le feu de la Calcination, d'être retiré du noir ; alors se séparent ainsi, par l'augmentation de la chaleur, les parties superflues ; demeure alors une terre grossière, sous la Matière de la Pierre, comme une terre noire brute qui ne se mélange plus avec les pures et subtiles matières de la Pierre". Et c'est la parole des Philosophes : ainsi

---

[126] Voir note 93, page 92.

Stains. Unnd das ist das Wort der Phÿ:, So sie sprechen, das die Rote der Weiß soll ausgezogen werden, dann es ist nichts überflüssiges in Ir. Es schaidet sie auch nichts ab, Sonder alls wirts volkhomen Rot, unnd darumb schaffen sie das zethun, mit sterkherm Feuer, unnd das bezeuget Pÿtagoras Sprechent, So sie die farben Ie mer veränderen, So Ir Ie mehr solt sterckhen das Feuer, dann es ist sich nit mer zefürchten vor dem Feuer, Dann die Materi ist fix von der weissen Farb, unnd die Spŭs fliehen nit von Ir, Auf das spricht Lucas Phŭs. So unnser Mangnesia ist weis gemacht, last die Spŭs von Ir nit weichen, Sovil sei geredt von der Farben, der haimblichen Phÿ: und volgt diser beschlus darauf.

**Hermes** der Vatter der Phÿ: spricht, das man die weiß Mangnesia, Ießt vorgemelt nit müge ausmachen, bis alle Ire Farben volend sein, Welche ist ein wasser, das sich tailt in vier anndere wasser. Nemblich ain zu zwaien, und drei zu ainem, Welcher der ain Drittaill zu der hiß gehört. Aber zwen drittail zu der Feüchtigkait, dise wasser sein

mit den reinen und subtile Materie des Steins. Und das ist das Wort der Philosophen, so sprechen sie, daß das Rot dem Weiß ausgezogen werden soll, dann ist es nichts Überflüssiges in ihr. Es scheidet sich auch nichts ab, sondern alles wird vollkommen rot, und darum schaffen sie das zu tun mit stärkerem Feuer, und das bezeugt Pythagoras sprechend: "So sich die Farben je mehr verändern, so ihr je mehr sollt das Feuer stärken, denn ist es sich nicht mehr vor dem Feuer zu fürchten, denn ist die Materie fix von der weißen Farbe, und die Spiritus fliehen nicht von ihr". Auf das spricht Lucas, der Philosoph: "so ist unsere Magnesia weiß gemacht, laßt die Spiritus von ihr nicht weichen". So viel sei geredt von den Farben der heimlichen Philosophen, und folgt dieser Beschluß darauf.

**Hermes**, der Vater der Philosophen spricht, daß man die weiße Magnesia jetzt vorgemeldet nicht ausmachen mag, bis alle ihre Farben vollendet sein, welche ist ein Wasser, das sich in vier anderen Wasser teilt. Nämlich ein zu zwei und drei zu ein, welches ein Drittel

disent-ils que le rouge doit être retiré du blanc, alors il ne reste rien de superflu en lui ; il ne s'en sépare rien non plus, mais tout devient parfaitement rouge, et c'est pourquoi ordonnent-ils[127] de le faire avec un feu plus fort. Et Pythagore en atteste en disant : "Au plus[128] les couleurs changent, au plus vous devez renforcer le feu, car il ne faut plus craindre le feu puisque la Matière est fixe depuis la couleur blanche, et les esprits[129] ne s'en échappent pas". A ce sujet, Lucas, le Philosophe, disait : "Ainsi, notre Magnésie est blanchie ; ne laissez pas l'Esprit en disparaître". Qu'il en soit dit assez au sujet des couleurs des Philosophes hermétiques, et s'ensuit cette conclusion.

**Hermès**, le père des Philosophes, dit qu'on ne devrait pas ôter la Magnésie blanche (dont question juste ci-dessus) avant que toutes ses couleurs soient parachevées. Celle-là est une eau qui se scinde en quatre autres eaux, à savoir l'une en deux, et trois en une ; de laquelle un tiers ressortit à la chaleur tandis que deux tiers à l'humidité ; ces eaux sont le poids des Sages. Aussi faut-il savoir

---

[127] Le verbe "schaffen" signifie généralement "créer, engendrer, produire", mais dans certains Länder, il signifie aussi "ordonner, commander, disposer". C'est cette particularité locale qui donne à ce texte sa meilleure signification.

[128] Le mot "Je" signifie ordinairement "jamais". Toutefois, l'expression "je mehr" signifie "au plus, d'autant plus".

[129] Le mot latin "Spiritus" (ici abrégé en "Spũs") a un pluriel (peu fréquent) en "-us", ce qui justifie l'article pluriel "die". Il s'agit ici de substances volatiles, d'exhalaisons, mais peut-être aussi de l'âme (ou de la vie ?) de la matière.

gewicht der Weisen, Auch ist zewißen, das der Weinstok der ain Saft ist der Weisen, wirt Im Fünffte" außgezogen, Aber sein Wein wirt im dritten ende ausgemacht, nach rechter Proportion, Wann in der Kochung vermindert es sich, unnd in der zerreibung Formet es sich, Inn dem allen ist begriffen Anfang unnd End, Darumb sagen die Phÿ: das es volkhomen werd in siben tagen, Die Anndern in vier tagen, etlich zu dreimallen, etlich zu Viermallen, etlich zehen tagen, etlich in Vierßig tagen, etlich in ainem Jar, Turba und Alphidius, In den Vier zeiten des Jars, Als Lennß, Somer, Herbst, unnd Windter, Item in ainen tag, in ainerr Wochen, und in ainem Monat. Aber Geber, und Artos. Die Phÿ: Sprechen in dreien Jarn, Welches alles miteinannder nichts annders ist, dann ain ding in ainem ding. Dann sein schickhlichait die manigfeltig ist, Also auch Manigveltigen sie die zeit, gewicht, unnd Namen, Des sich ein verstenndiger künstler alles erfaren mues, oder er mag nichts schaffen.

zu der Hitze gehört, aber zwei Drittel zu der Feuchtigkeit, diese Wasser sind das Gewicht der Weisen. Auch ist zu wissen, daß der Weinstock, der einen Saft der Weisen ist, wird fünftens ausgezogen. Aber sein Wein wird im dritten Ende nach rechter Proportion ausgemacht, wann es sich in der Kochen vermindert, und formt es sich in Zerreiben. In dem allem ist alles begriffen: Anfang und Ende; darum sagen die Philosophen, daß es in sieben Tagen vollkommen wird; die Anderen in vier Tagen, etliche zu drei Malen, etliche zu vier Malen, etliche zehn Tagen, etliche in vierzig Tagen, etliche in einem Jahr; die Turba und Alphidius, in den vier Zeiten des Jahres, als der Lenz, der Sommer, der Herbst und der Winter, idem in einem Tag, in einer Woche, und in einem Monat. Aber Geber und Artos die Philosophen sprechen: "in drei Jahren", welches alles miteinander ist nichts anderes als ein Ding in einem Ding, und daß seine *Schicklichkeit* mannigfaltig ist, also auch variieren die Zeit, das Gewicht, und die Namen. Dieses muß ein verständiger Künstler alles erfahren, oder mag er nicht schaffen.

que la vigne [130], qui est un suc des Sages, sera extrait en cinquième, mais son vin sera tiré lors du troisième achèvement selon la juste proportion, lorsqu'il se réduit dans la cuisson, et se forme lors de la trituration. Dans tout cela, tout est compris : début et fin. C'est pourquoi les Philosophes disent que cela est accompli en sept jours, d'autres en quatre jours, quelques-uns en trois fois, quelques-uns en quatre fois, quelques-uns en dix jours, quelques-uns en quarante jours, quelques-uns en un an ; Turba et Alphidius, dans les quatre saisons de l'année à savoir printemps, été, automne et hiver ; idem en un jour, en une semaine, et en un mois. Mais Geber et Artos, les Philosophes, disent : "en trois ans". Tout cela ensemble n'est rien d'autre qu'une chose dans une chose, et que son savoir-faire est varié, comme aussi varient le temps, le poids, et les noms, qu'un Artiste sensé se doit d'apprendre tous, sinon il ne peut rien créer.

---

[130] Ou : le vin, car "Weinstock" est parfois synonyme de "Wein".

# Von Aigenschaften Der Ganntzen Arbait der beraitung des Stains.

## Der Sechst Tractat.

# Von Eigenschaften der ganzen Arbeit der Bereitung des Steins

## Der sechste Traktat

# Des propriétés de tout le travail de la préparation de la Pierre

## Sixième opuscule

Die Calcionirung, Wirt im Anfang Dits Werckhs gesetzet, Als der
Vatter in ain Geschlecht, unnd ist dreierlai Weis, die zwo gehörn an
das Corpus, u"d die dritte dem Geist, die erst ist ain beraittung der
Kalte" Feüchtigkait, die das Holtz verhüet, daß nit verbründ, u"d ist ain
anfanng unnsers Werkhs.    Die Annder ist ainer Faisten Feuchtigkait,
die das Holtz tuet verprennen, Die dritte aber ist ein äscherung oder
Incineration der trukhen erden, unnd gibt ein werhafftig Fixe, und
Subtile feichtigkait, Ir ist auch wenig, und gibt kain Flamen, unnd
gibt ain claren corpus als glas, Solcher maß gebiete" die Phÿ: Ire
Calcionirung zemachen, unnd das wird volbracht, mit dem aqua
Permanente, oder aceto acerrimo, Dergleichen Feüchtigkait ist in den
Metallen, Dann sie ist ein anfanng der Schmeltzung, das beweist
Hermes da er spricht, Das wasser ist ain anfanng aller waicher di"g,
Deßhalben ist die Calcionirung der Phÿ: ain anzaigung der
zersterlichen Feüchtigkait, unnd ein anbringung einer frembden
feuerigen feüchtigkait, davon die wesenlichait, unnd das Leben entsteet,

Die Kalzinierung wird im Anfang des Werks gesetzt (als der Vater in
einen Geschlecht), und ist dreierlei Weise, die zwei dem Corpus und
die dritte im Geist gehören; die Erste ist eine Bereitung der kalten
Feuchtigkeit, die verhütet das Holz zu verbrennen, und ist ein Anfang
unseres Werks.    Die Andere ist eine feiste Feuchtigkeit, die das
Holz tut verbrennen. Aber die dritte ist eine Einäscherung oder eine
Verbrennung der trockenen Erde, und gibt eine wahrhafte Fixe und
subtile Feuchtigkeit. Das ist auch wenig, und gibt keine Flamme, und
gibt ein klares Corpus wie Glas. Solchermaßen gebieten die
Philosophen ihre Kalzinierung zu machen, und das wird mit dem
"aqua permanente", oder "aceto acerrimo" vollbracht. Dergleichen
Feuchtigkeit ist in den Metallen, denn ist sie einen Anfang der
Schmelze. Das beweist Hermes, da er spricht, daß das Wasser einen
Anfang aller weichen Dinge ist. Deshalb ist die Kalzinierung der
Philosophen ein Zeigen der zerstörerischen Feuchtigkeit, und
eine Anbringung einer fremden feurigen Feuchtigkeit, davon das

La calcination sera placée au début de ce travail (comme le Père d'une lignée), se fait de trois façons, dont deux appartiennent au corps et le troisième à l'esprit ; la première est une préparation de l'humidité froide qui empêche le bois de brûler, et est un commencement de notre œuvre.    La seconde est une humidité grasse, qui fait brûler le bois. La troisième est cependant une incinération (réduction en cendres) de la terre sèche et donne une véritable humidité fixe et subtile. C'est aussi peu, et ne produit pas de flammes, et donne un corps clair comme du verre. C'est de telle manière que les Philosophes recommandent de faire leur calcination, et cela est accompli avec l'aqua permanente, ou aceto acerrimo[131]. Une telle humidité est dans les métaux, car elle est un début de la fonte (amollissement). C'est ce que démontre Hermès lorsqu'il dit que l'eau est à l'origine de toutes les choses molles. C'est pourquoi la Calcination des Philosophes est une indication de l'humidité destructive, et d'un apport d'une humidité ardente étrangère, d'où apparaissent l'essentialité et la vie. C'est pourquoi

---

[131] Vinaigre acide pénétrant.

Derohalben haists ein schmeltzung oder Inceratio, unnd dise schmeltzung geschichet mit dem Wasser der Phÿ: Welches ist aigentlich die Sublimatio, oder Phÿe: Salutio, dann durch sie wirt die Hertte Truckhenhait verändert, in ein waichu"g die trucken ist, Unnd also ist ausgezogen die Quinta essentia, unnd absonnderung der Element. Unnd das geschicht darumb, das die taill so durch das gedörrt unnd zesamen gedrucket sein, Subtil werden, Durch den Geist der da ist ein resolvirent wasser, und feüchtet den geäscherten Cörper, unnd miltert die zersterend eingebrachte Hitz, in ein Lufftige resolvirung, unnd das ist die dünn seltzamkait der Element, Deshalb haists die Sublimatio, so die grob Erdigkait dünn oder Subtill gemacht, unnd in ain Feüchitigkait des Wassers, und di kelte diß Wassers in die wirm des Luffts, unnd die Feüchtigkait des Luffts, in die Hiz des Feuers gekert, Und das ist ein verkerung der Element, unnd die ausgezogen Quinta Essentia, vnnden Elementischen Fecibus. U"d dise quinta essentia, ist ain wurtzenliche Feüchtigkait ainer gar Hochen Natur, die da unzelich

Wesentliche und das Leben entstehen. Deshalb heißt es eine Schmelze oder inceratio, und diese Schmelze geschieht mit dem Wasser der Philosophen welches ist eigentlich die Sublimatio, oder die Salutio der Philosophen, denn durch sie wird die harte Trockenheit in einer Weichheit, die trocken ist, verändert, und also ist die Quinta essentia ausgesogen, und Absonderung der Element. Und das geschieht darum, dass die Teile so durch daß gedorrt und zusammen getrocknet sind, subtile werden, durch den Geist der da ein lösendes Wasser ist, und feuchtet den eingeäscherten Körper, und mildert die zerstörende eingebrachte Hitze in eine luftige Lösung, und das ist die dünne Seltsamkeit der Elemente. Deshalb heißt es die Sublimatio, so ist die große Erde dünne oder subtil gemacht, und in eine Feuchtigkeit des Wassers, und die Kälte dieses Wassers in der Wärme der Luft, und die Feuchtigkeit der Luft, in die Hitze des Feuers gekehrt. Und das ist eine Veränderung des Elements, und der ausgezogenen "Quinta Essentia" von den Elementischen "Fecibus".

on l'appelle fonte (fusion) ou Inceratio[132], et cette fonte se produit avec l'eau des Philosophes, laquelle est la Sublimatio à proprement parler, la Salutio[133] philosophique, car par elle est transformée l'intense sécheresse en un adoucissement qui est sec, et est aussi extraite la Quinta Essentia, et a lieu la séparation de l'élément. Et cela se passe parce que les parties qui, par ce moyen, sont séchées et compressées ensemble, deviennent subtiles, par l'entremise de l'esprit qui est, dans ce cas, une eau dissolvante, et qui humidifie le corps réduit en cendres, et atténue la chaleur destructrice introduite en une solution aérienne, et c'est là la fine singularité des éléments. C'est pourquoi cela s'appelle la Sublimatio, par laquelle la terre grossière devient fine (ou subtile) et est changée en une humidité de l'Eau, et le froid de cette Eau est changé en chaleur de l'Air, et l'humidité de l'Air transformée en chaleur du Feu. Et c'est là une transformation de l'Elément et de la Quinta Essentia extraite de la bourbe élémentaire. Et cette Quinta Essentia est une humidité

---

[132] On s'attendrait à lire ici "Incineratio", mais l'erreur du copiste n'est-elle pas délibérée ? "Inceratio" dérive du verbe latin "incero" (enduire de cire) qui, au figuré, signifie "attacher des tablettes de cire aux genoux des dieux pour leur soumettre des vœux" (prière de demande, très pertinente dans l'esprit de l'Alchimie).

[133] Ce mot "Salutio", méritant un examen plus attentif, est discuté en Annexe 4.

Tingirt, Es ist auch die recht Fixation, Davon Geber redet, es wirdet nit Fix. Es werde dann erleücht, unnd werde ain schene durchscheinende Substanß, dann da entsteet der Sulphur Philosophorum, oder der asch der aus aschen gezogen ist, on das ist die ganß Maisterschafft umb sonnst, Dann es ist ain Metallins Wasser das sich ergeusst in den Cörper, und machet in Lebendig, und ist ein Elixir der Roten, und Weissen tinctur, und ein tingirender geist, Es geschicht auch in diser Arbait die recht ablutio der Schwertz, und des gesta"k, und darzue tödt, unnd widerumb Lebendig gemacht, So darein gebracht wirt ein raine unzersterliche Hitz, und Metalische feüchtigkait, davon es die tingirend craft hat, damit wirdet auch volbracht der Phÿ: Putrefactio oder feülung, davon in disem Büechel im anfanng geredt ist. So das Offenbar, als es vorgwest zerstört, und das verborgen herfurgebracht ist, Davon redet Turba die Feülung ist die Erst, unnd zeucht an sich die allergresste haimlichait, sie ist auch die recht absünderung der Eleme"t, das ist zuefell verkern, Davon redet Turba, verker die

Und diese "Quinta Essentia" ist eine wesentliche Feuchtigkeit einer gar hohen Natur, die da unzählig tingelt. Es ist auch die richtige Fixation, davon redet Geber: "es wird nicht fix. Es werde dann erleuchtet, und werde eine schöne durchscheinende Substanz", dann da entsteht der "Sulphur Philosophorum", oder die Asche der aus Aschen gezogen ist, ohne das ist die ganze Meisterschaft umsonst, dann ist es ein metallisches Wasser, das sich in dem Körper ergießt und macht ihn lebendig, und ist ein Elixir der roten und weißen Tinktur und einen färbenden Geist. Es geschieht auch in dieser Arbeit die richtige "ablutio" des Schwarzes und des Gestanks, und dazu tötet, und wiederum lebendig gemacht ist. So darein gebracht wird eine reine unzerstörbare Hitze und metallische Feuchtigkeit, davon es die färbende Kraft hat, damit wird vollgebracht der "Putrefactio" der Philosophen, oder Fäulnis, davon in diesem kleinen Buch am Anfang geredet ist. So ist das offenbar, daß alles vorher war, zerstört ist, und daß verborgen war, hervorgebracht ist. Davon redet die Turba:

radicale d'une très haute nature qui, alors, teint de façon innombrable. Et c'est aussi la fixation correcte, dont Geber disait : "Ce ne devient pas fixe. Que ce soit donc illuminé, et devienne une belle substance transparente". Ensuite, là, se constitue le Sulphur Philosophorum, ou la cendre qui est tirée des cendres ; sans cela tout le Magistère est tenté en vain. Ensuite, c'est une eau métallique qui se répand dans le corps et le rend vivant, et est un élixir de teinture rouge et blanche, et un esprit teintant. Il se produit aussi, dans ce travail, l'Ablutio correcte du noir et de la puanteur, et, en outre, tue et est à nouveau rendu vivant. Ainsi y est introduite une pure chaleur indestructible et une humidité métallique, d'où elle obtient la force teintante avec laquelle est aussi accomplie la Putrefactio des Philosophes (ou pourrissement) dont il est question au début de ce livret. Ainsi est-il évident que tout ce qui était auparavant est détruit, et ce qui était caché est engendré. C'est ce dont parle la Turba : "La putréfaction est en premier, et témoigne du plus grand des secrets ; elle est aussi la vraie séparation des

Elemet, das Feücht ist mach truckhen, unnd das flüchtig ist mah Fix, unnd spricht weiter, so es alles zu pulver zerstossen ist, so ist s mit bleis berait, Unnd das ist der Phÿ: zerreibung, unnd darumb spricht Senior, es soll die Calcionirung nichts, es werde dann ein Pulver daraus, es ist auh die kochung, davon alle Phÿ: reden Sonderlich Albertus Magnus, also Sprechent, under allen kunsten ist kaine die der Natur als gar nachvolgt als die Alchimie, unnd das von wegen der kochung, unnd Formirung dann sie wirt gekocht in Feurigen, und Roten Metalischen wassern, die allermaisten haben, von der Form, unnd wenig von der Materi. Es ist auch der Phÿ: assatio, oder bratu"g, dann die zuefelig feüchtigkait, wirdet mit ainem linden feuer verzert. unnd allermaist ist sich zehüetten, Das der Geist der den Cörper austruknet, unnd vom Cörper getruknet wirdet, dem Cörper nit entgee, oder es wirt nit volkomen sein. Es ist auch der Phÿ: Distillation, oder Clarificirung, welches nicht annders ist dann ein rainmachung eines dings, mit seiner wesentlichen Feüchtigkait, unnd mit der

"die Fäulnis ist die Erste, und zeugt an sich die allergrößte Heimlichkeit, sie ist auch die richtige Absonderung der Elemente, die zu verkehren sind". Davon redet die Turba: "verkehre die Elemente, mache trocken, was feucht ist, und mache fix, was flüchtig ist". Und spricht weiter: "so alles es zu Pulver zerstoßen ist, so ist es mit Fleiß bereitet". Und das ist das Zerreiben der Philosophen, und darum spricht Senior: "Die Kalzinierung soll nicht kommen, es sei denn, daß sich daraus Pulver ergibt"; es ist auch das Kochen, davon alle Philosophen reden, sonderlich Albertus Magnus, also sprechend, unter alle Künste ist keine, die der Natur als gar als die Alchimie nachfolgt, und das wegen des Kochens, und der Formierung, denn sie wird in feurigen und roten metallischen Wassern, die allermeisten von der Form und wenig von der Materie haben, gekocht. Es ist auch den Philosoph, assatio, oder Brennen, denn wird die zufällige Feuchtigkeit mit einem linden Feuer verzehrt, und vor allem ist sich zu hüten, das der Geist, der den Körper trocknet aus, und vom

éléments qui sont à transformer". La Turba nous en dit : "Transforme les éléments, rend sec ce qui est humide, et ce qui est volatil fixe-le". Et elle continue : "Ainsi tout est à broyer en poudre ; ainsi est-ce préparé avec application". Et c'est la trituration des Philosophes. Et c'est pourquoi Senior dit : "La calcination ne doit pas se faire, à moins qu'une poudre en résulte". C'est aussi la coction dont parlent tous les Philosophes, particulièrement Albert-le-Grand, lorsqu'il dit que parmi tous les arts, il n'y en a aucun qui suive autant la Nature que l'Alchimie ; et cela à cause de la cuisson, et de la mise en forme, puisque ce fut cuit dans des eaux ignées, rouges et métalliques qui tiennent surtout de la forme et peu de la matière. C'est aussi l'Assatio des Philosophes (ou cuisson) puisque l'humidité fortuite a été consumée par un feu doux, et surtout il faut prendre soin que l'esprit qui dessèche le corps ne puisse pas s'échapper de ce corps qui a été desséché, sinon cela ne sera pas accompli. C'est aussi la Distillation des Philosophes (ou Clarification), laquelle n'étant rien d'autre que la purification d'une

Coagulation Beschliessen Die Phi: das gannß werkh. Davon redet Hermes, sein zuchtmueter ist die Erden, Das ist sovill, sein crafft ist gannß, so, es verändert ist, in ein bestendige Erden, Unnd so noch unzelich vill würkung, als auch Hernachvolget, daraus mügen werden, So ists doch nicht annders, dann daß aufs aller Natürlich ist volbracht werde, dan die kunst. Welcher Natur in der Warhait, und nit in gleihnus, als ander künst nachvolgen. Das bewert Senior, so er spricht, Er lebt nit der dise kunst, on die natur volbringe" mag, Ja sag ich mit solcher Natur, welche vom Himel herab der natur eingegeben ist.

Körper getrocknet wird, dem Körper nicht entgeht, oder es wird nicht vollkommen sein. Es ist auch die Destillation der Philosophen, oder Klärung, welches nichts anderes als eine Reinigung eines Dings ist, mit seiner wesentlichen Feuchtigkeit, und mit der Coagulation beschließen die Philosophen das ganze Werk. Davon redet Hermes: "seine Zuchtmutter ist die Erde". Seine Kraft ist so stark, so es in einem beständigen Erde verändert ist, und so noch unzählige viele Wirkungen, als auch hernach folgt, daraus werden mögen. So ist es doch nichts anderes, daß dann auf es aller natürlich vollgebracht worden ist, dann die Kunst. Welche Natur müssen wir in der Wahrheit, und nicht in Gleichnis, als andere Kunst, nachfolgen. Das bewertet Senior, so er spricht: "er lebt nicht, derjenige diese Kunst ohne die Nature vollbringen mag. Ja sage ich, mit solchen Natur, welche Natur vom Himmel herab eingegeben ist".

chose avec sa propre humidité essentielle[134], et, avec la Coagulation, les Philosophes terminent le travail en entier. C'est ce dont parlait Hermès : "Sa mère qui l'a élévé(e) est la Terre" ; sa force est tellement totale lorsqu'elle est changée en une terre stable (équilibrée), et ainsi pourra encore agir d'innombrables fois, comme il en sera aussi question ci-après. Ainsi, rien d'autre ne peut être accompli d'une manière plus naturelle que par cet art. Laquelle Nature faut-il suivre en vérité, et non par allégorie, comme en un autre art. C'est ce qu'estime Senior, en disant : "Il n'est pas encore né celui qui serait capable d'accomplir cet art sans la Nature. Oui, dis-je, avec pareille Nature; laquelle Nature a été inspirée du haut des Cieux".

---

[134] Essentielle, au sens de "fondamentale, ontologique", et non pas "indispensable" !

Von den gantzen Werk vilveltigen
Würkung, auch wie die Philosophi, sovil
Namen, und vergleichung in diser kunst der
beraitung des Stains einfüeren

## Der Sibent Tractat.

Von den vielfältigen Wirkungen des ganzen
Werks, auch wie die Philosophen so viel
Namen, und Vergleichungen in dieser
Kunst der Bereitung des Steins einführen

## Der siebte Traktat

Des effets variés de tout l'Œuvre, et
aussi comment les Philosophes
introduisent tant de noms et
d'allégories dans cet art de la
préparation de la Pierre

## Septième opuscule

Es ist ain gemaines Sprichwort aller Philosophi. Welcher das Lebendig Silber zetöden wais, der ist Maister in diser kunst. Es ist aber mit gar grossem vleis achtung zehaben, auf Jr Queksilber, dan sie beschreibens gar Vilveltig, Senior spricht also. Unser Feuer ist ain wasser, So du ainem Feuer, ain Feuerr kanst geben, und einem Mercurio, ainen Mercuriu^m so kanst du sein genueg, Damit will er das Queksilber haissen ain wasser, unnd ein Feuer, und das Feuer mus mit Feuer gemacht werden. Item er spricht, die seel wirt ausgezogen, durch die feülung, und so nichts mer da von der Seel bleibet, so hastu den Cörper schön gewaschen, da ist es ein Seel, unnd ein Cörper. Item err wird genannt Quinta essentia, oder ein Geist, aqua Permanens, oder menstrum, Die Turba redt also, Nemet das Queksilber und Coagulirts in dem Cörper Mangnesia oder im Schwebel der nit verpründ, und zertreibets in dem allerscherssesten Essig. Unnd in dem Essig wirt es weder Schwartz noch weis oder Rotfarb, und also wirt es ein getödet Queksilber, unnd ist von weisser farb, ehe das Feuer

Es ist ein gemeines Sprichwort allen Philosophien, welcher das lebendige Silber töten weiß, der Meister in dieser Kunst ist. Es ist aber mit gar großem Fleiß, auf Ihr Quecksilber Achtung zu haben, denn beschreiben sie es gar vielfältig. Senio spricht also: "Unser Feuer ist ein Wasser, so kannst du ein Feuer zu einem Feuer geben, und so kannst du ein "Mercurium" zu einem "Mercurio" geben; es ist genug damit will er das Quecksilber ein Wasser, und ein Feuer, heißen; und das Feuer muß mit Feuer gemacht werden". Idem spricht er: "die Seele wird durch die Fäulnis ausgezogen, und so nichts mehr von der Seele bleibt, so hast du den Körper schön gewaschen, da ist es eine Seele, und ein Körper". Idem wird er genannt "Quinta essentia", oder ein Geist, "aqua permanens", oder "menstrum". Die Turba redet also: "Nehmt das Quecksilber und koaguliert es in dem Körper "Mangnesia" oder im Schwefel, der nicht verbrennt, und vertreibt es im dem schärfsten Essig. Und in dem Essig wird es weder schwarz noch weiß oder rotfarbig, und also wird es ein

C'est un adage commun à tous les Philosophes que quiconque sait tuer l'argent vivant est maître en cet art. Mais c'est une très grande attention zélée qu'il faut apporter à leur Mercure, puisqu'ils le décrivent de multiples façons. Senior dit ainsi : "Notre Feu est une Eau, ainsi peux-tu donner un Feu à un Feu, et un Mercure à un Mercure, et ce devrait t'être suffisant afin qu'il puisse appeler le Mercure une Eau et un Feu, et ce Feu doit être fait avec du Feu". De même dit-il : "l'âme a été extraite par la putréfaction, et ainsi ne reste-t-il plus rien de l'âme, ainsi as-tu bien lavé le corps ; là, c'est une âme et un corps". De même devient-il dénommé Quinta essentia, ou un esprit, aqua permanens, ou menstrum". La Turba dit aussi : "Prenez le Mercure et coagulez-le dans le corps Magnesia ou dans le Soufre qui ne brûle pas, et projetez-le dans le Vinaigre le plus âcre. Et dans le vinaigre, ça ne devient ni noir, ni blanc, ni rouge, et cela devient donc un Mercure mort, et est de couleur blanche avant que le feu y vienne et le rende ainsi rouge". La Turba en parle ainsi : "En le mettant dans l'or, il devient ainsi un élixir

darzue kombt so wirdets Rot. Davon redet die Turba also, Legents ins gold, so wirdet das ain Elixir, das ist sein Tinctur, unnd ist ein schenes Wasser, ausgezogen von vill Tincturen, gibet das Leben, unnd die Farb, allen denen es eingebracht wirdet, Demnach spricht Turba, Das Color Tiryus, das ist ein Rote Farb, die aller beste ist, Darnach kombt ein Cosparliche Purpurfarb, und dises ist das rechte Queksilber, das bringet siessen geschmach, und ist ein Waarhafftige Tinctur, aus dem ist genuegsam zuversteen, das die Phi: nit allain den anfanng Jrer kunst, so"der auch das Mittl, und volkhomen End dem Queksilber zuegeschriben haben.

**Hermes** der Philosophi Vater redt also davon. Jch hab achtung gehabt auf einen Vogl, Welchen die Philosophi Orsam nennen, derselbig fleugt, So es im Wider, Krebs, und Waag, oder Stainbockh ist, unnd du wirdest dir denselben Ewigelich uberkhomen, aus rechten Mineralien, und Cosparn gebürg, seine taill, solt du taillen, Unnd besonnder

getötetes Quecksilber, und ist von weißer Farbe, ehe das Feuer dazu kommt, so wird es rot". Davon redet Die Turba also: "legend es ins Gold, so wird es ein Elixier (das ist seine Tinktur, und ist ein schönes Wasser, ausgezogen von vielen Tinkturen) das gibt das Leben, und die Farbe allem, das ihm eingebracht wird". Demnach spricht die Turba: "das Color Tiryus, das ist eine rote Farbe, die allerbeste ist, danach kommt eine kostbare Purpurfarbe, und dieses ist das richtige Quecksilber, das süßen Geschmack bringt, und ist eine wahrhaftige Tinktur". Aus dem ist genügsam zu verstehen, dass die Philosophen nicht nur den Anfang ihrer Kunst sondern auch das Mittel und vollkommene Ende dem Quecksilber zugeschrieben haben.

Hermes, der Vater der Philosophen redet davon also: "Ich habe auf einen Vogel Achtung gehabt, welchen die Philosophen Orsam nennen, derselbe flöge, so es im Widder, Krebs und Waage, oder Steinbock ist, und du würdest dir den selben ewig aus richtigen

(c'est sa teinture, et est une belle Eau extraite de beaucoup de teintures) qui donne la vie et la couleur à tout ce qui lui est introduit". En conséquence, dit la Turba : "C'est la couleur tyrienne (qui est une teinture rouge), qui est la meilleure ; ensuite vient une précieuse couleur pourpre, et celle-ci est le vrai Mercure qui apporte une douce saveur et est une véritable teinture". De tout ceci, il en ressort suffisamment pour comprendre que les Philosophes ont attribué non seulement le début de leur Art au Mercure, mais aussi le milieu[135], et la fin parfaitement accomplie.

**Hermès**, le père des Philosophes en parle aussi ainsi : "J'ai eu l'attention attirée par un oiseau que les Philosophes appellent Orsam[136], qui volerait pareillement lorsqu'on est en Bélier, Cancer, et Balance, ou Capricorne, et tu pourrais même t'en saisir éternellement à partir des vrais minéraux et des précieuses montagnes ; tu dois diviser sa part (et particulièrement ce qui reste

---

[135] Le mot "Mittel" peut se traduire soit par "milieu" (entre deux extrêmes), soit par "moyen" (procédé, truchement).

[136] Au sujet de l'oiseau Orsam, voir l'Annexe 5.

das nach der tailung überbleibet, und so die Erde Complexionirt ist,
und vil farben in Jr sichest, Nennet sie der Weis Man Ceram Sapientie
ae, Plumbum. Von dem reden die Phi: dieselbig zepraten, und
Distelirn, durch tag und Zeit, nach der zal, unnd tailung der Tail, und
geben den dingen vil namen, sprechent, Sublimir, Rectorir, Fixir, biß
auf dem grund bleibt. Item Incerir, unnd Inbybier, bis es Fleust,
Item Wasch ab, und machs schen biß Weiß wirt, Item mach es Tod,
unnd wider Lebendig. Item feils, und zerbrichs, bis das verborgen
Offenbar, unnd, das Offenbar verborgen wirt, Item sonnder ab die
Element, unnd füeg sie wider zesamen, Item zerreibs bis das Leiblich
Geistlich wirt unnd herwiderumb. Item zeuch ab die Sel vom Cörper.
Item Rectificir die Cörper, unnd Geist. Ite^m den Venus mach Weis,
dem Jupiter nimb sein kitschen. mach hart den Saturnum, unnd mach
waich den Martem, mach Citrinfarb die Luna, unnd Solvier alle Cörper
in ain Wasser, das da allen Cörpern die volkomenhait gibt. Sie lernen
auch vill Pradens, über den Schwartzen Schwebel bis er Rot wirdet,

Mineralien und kostbaren Gebirgen überkommen, du sollst sein Teil
teilen, und besonders das bleibt nach der Teilung über, und so ist die
Erde verkompliziert, und du sichtest viele Farben in ihr". Der weise
Mann nennt sie "Ceram Sapiente" & "Plumbum". Vom dem reden die
Philosophen, dieselbe zu braten und destillieren durch Tag und Zeit,
nach die Zahl, und Teilung der Teil, und geben zu den Dingen viele
Namen, sprechend: "Sublimiere, regiere, fixiere, bis auf dem Grund
bleibt. Idem verbrenne und tränke, bis es fließt, idem wasch ab, und
mach es schön, bis es Weiß wird, Item mach es Tod, und wieder
lebendig.  Item feil es, und zerbrach es, bis dem Offenbar verborgen,
und das Offenbar verborgen wird. Item sondere die Elemente ab, und
füge sie wieder zusammen, item zerreibe es, bis das leiblich geistlich
wird und her wiederum. Item ziehe die Seele vom Körper ab. Item
rektifiziere die Körper, und Geist. Item mache Venus weiß, nimm
Jupiter seinen Kitt, mache Saturn hart, und mache Mars weich,
mache der Mond zitronengelb, und löse alle Körper in einem

après le partage), et ainsi la Terre est complexifiée, et tu apercevras de nombreuses couleurs en elle". L'homme sage l'appelle "Ceram Sapientie" et "Plumbum". Les Philosophes en discourent, disant de rôtir et distiller de même, durant des jours et du temps – selon leur nombre et la séparation de la partie – et donnent aux choses beaucoup de noms, disant : "Sublime, dirige, fixe jusqu'à ce qu'il n'en reste que le fondement ; idem, incinère et imbibe jusqu'à ce que ça coule ; idem, nettoie et rend beau jusqu'à ce que ça devienne blanc ; idem, rends-le mort et à nouveau vivant ; idem, lime-le et brise-le jusqu'à ce que devienne évident ce qui est caché, et caché ce qui est évident ; idem, sépare les éléments, et joints-les à nouveau ensemble ; idem, broie-le jusqu'à ce que le corporel devienne spirituel, et recommence encore à nouveau ; idem, retire l'âme du corps ; Idem, redirige le corps et l'esprit ; idem, blanchis Vénus, ôte à Jupiter son liant, renforce Saturne, assouplis Mars, rends la Lune jaune-citron, et dissous tous les corps dans une eau qui donne alors à tous les corps la perfection". Au sujet du soufre

Dann haissen sie den Distillirn, bis ein Weisser, Durchscheiniger Gumi wirt, gleich dem Corp, das doch hoch gebreiset, unnd genennt wirdet, Lac Virginis, Den Vermengen sie das Wasser, so abgezogen wirdet, vo[n] der Junkhfrauen Milch, unnd bringens in ein Roten Gulden Gumi, und in ein dickhes dursichtiges Wasser, das sol man Coagulirn. Als dann nennen sichs Tincturam Sapientie, unnd ein Feuer den Farben, ein Seel, unnd ein Geist, der die Weit gewanderten wider haimbzeuchet, Item Sulphur Rebeum, Gumi aureum, Corpus desidoratum, aurum singulare, aurum apparents. Item aq[3] Sapientia, Terram arge[n]teum, Teram albam, aerem Sapientie. Sonnderliche[n] so es ain grosse Weiß hat, Davon steet in der Turba also. Jr solt wissen, Wo Jr vor golt nit vorhin Weis machet, so müget Jr auch nit Rot machen, dann die zwai sein ainer Natur, das Weiß wirdet sein von Roten, Schwartzen, u[n]d Rainen wassern, das Cristallin wirt sich erzaigen, von dem Citrin Roten, Darumb spricht Senior. Es ist ain Wunderlich ding, so du es wirffest über die anndern drei vermengten,

Wasser, das dann die Vollkommenheit gibt, ab". Über den schwarzen Schwefel, lernen sie auch ihn viel zu braten, bis er rot wird; dann heizen sie, dann destillieren, bis er ein weißer durchsichtiger Gummi wird, gleich dem Körper daß doch hoch gepriesen ist, und "Lac Virginis" genannt wird; dann vermengen sie das Wasser, so abgezogen wird von der Milch der Jungfrau, und bringen es in einem roten golden Gummi und in einem dicken durchsichtigen Wasser, das man koagulieren soll (als dann nennen sie es "Tincturam Sapiente"), und ein Feuer der Farben, eine Seele, und einen Geist, der den Weit wanderte, wieder Heim zeugt. Item Sulphur Rebeum, Gummi aureum, Corpus Desidoratum, aurum singulare, aurum apparens. Item aq. Sapientia, Terram argentum, Teram albam, aerem Sapientie. Sonderlich, als es ein großes Weiß hat. Davon steht in der Turba also: "Ihr sollt wissen, wo ihr vor Gold nicht vorhin Weiß macht, so mögt ihr auch nicht Rot machen, dann die Zwei einer Natur sind, das Weiß wird von Roten, Schwarzen und reinen Wassern sein, das

noir, ils enseignent aussi de beaucoup le faire cuire, jusqu'à ce qu'il devienne rouge ; alors ils chauffent, puis distillent, jusqu'à ce qu'il devienne une gomme translucide blanche, comme le corps qui est pourtant tant vanté, et qui est dénommé "Lac Virginis"; alors ils mélangent l'eau ainsi extraite du Lait de la Vierge, et en font une gomme rouge-dorée et une épaisse eau transparente qu'on doit coaguler (ils la nomment alors "Tincturam Sapientie"), et un feu de couleurs, une âme, un esprit qui a longuement marché et s'en retourne témoigner à la maison ; ou encore "Sulphur rubeum"[137], "Gummi aureum", "Corpus desidoratum"[138], "Aurum singulare", "Aurum apparents". Ou encore "Aqua sapientia", "Terram argenteum", "terram albam", "aerem sapientie"[139]. Particulièrement, lorsqu'il a une grande blancheur. Ce dont il est écrit dans la Turba : "Vous devez savoir que si vous ne blanchissez pas d'abord l'or, alors vous ne pourrez pas non plus le rendre rouge, puisque les deux sont d'une seule nature, le blanc proviendra des rouges, des noirs, et des eaux pures, et l'aspect cristallin[140] s'engendrera au

---

[137] Il y a doute sur la première voyelle. R<u>e</u>beum ou R<u>u</u>beum ? On lit "e", mais ce pourrait être "u" à cause du latin "rubeo" ("être rouge"), vu que le soufre rouge existe. Mais en latin, "sulfur, sulphur", est du genre neutre, donc l'adjectif "rouge" devrait être "rubrum" et non "rubeum". Erreur du copiste ou sens caché volontairement ? Le préfixe "re" (à nouveau) accolé à une forme dérivée de "beo" (rendre heureux, réjouir, enrichir) aurait du sens à cet endroit du texte, même si la forme correcte aurait alors été "r<u>e</u>beatum".

[138] Certains copistes ont retranscrit "desid<u>e</u>ratum" ("désiré, souhaité", mais aussi "péri, tombé, regretté, ayant fait défaut). Mais existe aussi le verbe "desido" (s'affaisser, se corrompre, s'altérer), qui a du sens ici. Notons que le latin "corpus" signifie "corps" mais aussi "substance".

[139] Les mots latins étant déclinés selon différentes logiques, nous les avons fidèlement reproduits tels que l'auteur les a transcrits, y compris l'interpellant "t" inclus dans "apparen<u>t</u>s".

[140] Certains copistes retranscrivent "<u>C</u>hristallin", par allusion au Christ.

so hilffts dem Weissen über das Citrin, unnd das Rot machts weis wie Silberfarb. Darnach hilfets dem Roten über s Citrin, unnd machets Weißfarb Ubers Weiß, unnd Rot, unnd machts Citrin Goldfarb. Darnach Hilffts auch dem Roten übers Citrin, und mahets das Weißfarb wirt. Von den dingen red Morienus beschau das volkomen Citrin, und das verändert in seiner Citrinitet, unnd das volkhomen Rot, unnd das vermindert in seiner Röte und fürter das volkomen Schwartz in seiner Schwartzhait.

**Hieraus** Ist Clärlich das Golt der Phi⁓: Ein annders da‴ gemain golt oder Silber, Wiewol die Phi⁓ vergleichens etliher zuefel halb, dem gemainen golt, und Silber, deshalb auch mit allen Metallen, Senior spricht. Ich bin ein hört, ud Trukhen Eisen, und ist kain ding das mir geleicht, dan Ich bin ein Coagulatz dem Queksilber der Phi: Turba spricht. Kupfer, und Pleÿ, werden ein kostlicher Stain, Das Plei, so die Philosophi rot plei nennen, ist ein anfang des gantzen Werks, an

kristallklare Aussehen wird sich von dem Zitronenrot erzeugen". Darum spricht Senior. Es ist ein wunderliches Ding, so wirfst du es über die anderen drei vermengten, so hilft es dem Weiß über der Zitronenfarbe, und das Rot macht es weiß wie Silberfarbe. Danach hilft es das Rot über dem Zitronengelb, macht die Weißenfarbe über dem Weiß und Rot, und macht die Zitronenfarbe Goldfarbe. Danach hilft es auch das Rot über der Zitronenfarbe, und macht es weißenfarbig werden. Von diesen Dingen redet Morienus: "beschaue daß die vollkommene Zitronenfarbe in seiner *Zitronität* verändert, und daß das vollkommene Rot in seiner Röte vermindert, und, ferner, das vollkommene Schwarz, in seiner Schwärze".

Hieraus ist es klar daß das Gold der Philosophen ein anderes ist als gemeines Gold oder Silber, wiewohl die Philosophen verglichen es etliche so viel haben, dem gemeinen Gold, und Silber, deshalb auch mit allen Metallen. Senior spricht. Ich bin ein hartes und trockenes

départ du rouge citrin". C'est pourquoi Senior dit : "Il se passe une chose étonnante si tu le projettes sur les trois autres mélangés, ainsi cela aide le blanc à surpasser le citrin, et le rouge le rend d'un blanc semblable à la couleur argent. Après quoi aide-t-il le rouge à surmonter le citrin, et fait apparaître une couleur blanche par-dessus le blanc et rouge, et donne au citrin une couleur dorée. En-suite aide-t-il aussi le rouge à dominer le citrin, et le fait devenir de couleur blanche. De ces choses discourt Morienus : "Observe que le citrin parfait change dans sa citrinité, et que le rouge parfait dimi-nue dans son rouge, et, plus loin[141], le noir parfait dans sa noirceur".

De tout ceci, il est clair que l'or des Philosophes est autre que l'or ou l'argent ordinaires, bien que les Philosophes l'aient autant comparé, non seulement à l'or et l'argent ordinaires, mais aussi à tous les métaux. Senior dit : "Je suis un fer dur et sec, et il n'y a aucune chose qui ne me ressemble car je suis un coagulum du Mer-cure des Philosophes". La Turba dit : "Cuivre et plomb deviennent

---

[141] Le mot "fürter" semble ne pas appartenir au vocabulaire allemand. Nous l'avons rapproché de l'anglais "further" (plus loin, au-delà), ou du néerlandais "verder", applicable dans l'espace comme dans le temps (ensuite, plus tard).

dasselb wirt nichts gemacht, und ma" red also davon, aus Roten Plei
mach Eisen, oder Cracum vom Weissen Plei mach ein Weisse Tinctur,
oder zin, aus zin mach khupfer, aus kupfer mach Pleiweis, aus
Plepweis mach Minium, von Minio,mach ein Tinctur. So hast du die
Weishait angefangen, Wiewol der Phi: sprichet. Es ist dem golt nicht
als nachent als Plei. Dann In Ime ist das Leben, und aller haimlichait
haimlichs. Das ist aber nit von gemainem Plei. Item der Markasit, vo"
deswegen das die stünket erden guldenfunken gewinet, Als Morienus
sagt, wirt auch vergleicht dem Arsenico, Auripigmento, unnd Tucia.
Item etlichen vil dingen, die gar nit Mineralisch sein, als den Vier
Complexionen, dem Tiriae, dem Basilisco, dem Pluet, und dergleichen
überflüsigen dingen. Unnder Mineralischen dingen dem Saltz. Alaun,
Vitriol, und den annbern von vilerlai aigenschaft willen,  Vor allen
dingen gewarnet uns Alphidius, u"d Spricht, Lieber Son, Huet dich vor
den Geisten, Cörpern unnd Stainen, die Tod sein als oben erzelt, dann
in Inne" ist kain Weeg, auch wirstu dein fürsatz, und anschlag bei

Eisen, und ist kein Ding, das mir gleicht, denn ich bin ein *Koagulat*
des Quecksilbers des Philosophen. Turba spricht: "Kupfer und Blei
werden ein köstlicher Stein. Das Blei, so nennen die Philosophen rot
Blei, ist ein Anfang des ganzen Werks, ohne dasselbe wird nichts
gemacht", und man redet also davon: "Aus roten Blei mache Eisen,
oder "Cracum"; vom weißen Blei mache eine weiße Tinktur, oder
Zinn; aus Zinn mache Kupfer; aus Kupfer mache Weiß Blei; aus
Weiß Blei mache Minium; von Minio mache eine Tinktur. So hast du
die Weisheit angefangen". Wiewohl der Philosoph spricht: "Es ist das
Gold nicht als nähernd als Blei; denn in ihm ist das Leben, und das
geheimste Geheimnis von allen. Das ist aber nicht von gemeinem
Blei". Idem der Markasit, deswegen die stinkende Erde goldenen
Funken gewinnt, als Morienus sagt, wird auch mit "Arsenico",
"Auripigmento", und "Tucia" vergleicht. Idem etliche viele Dingen,
die gar nicht mineralisch sind, als die vier "Complexio", das Tiriae,
das Basilico, das Blut, und dergleichen überflüssigen Dingen. Unter

une pierre précieuse. Le plomb (ainsi que les Philosophes appellent le plomb rouge) est un début de tout l'Œuvre, sans lequel rien ne peut être fait". Et on dit aussi à son sujet : "Du plomb rouge, fais du fer, ou Cracum [142] ; du blanc de plomb, fais une teinture blanche, ou étain ; de l'étain, fais du cuivre ; du cuivre, fait du blanc de plomb ; du blanc de plomb, fais du minium [143] ; du minium, fais une teinture. Ainsi as-tu commencé la Sagesse". Quoique les Philosophes disent : "Rien n'est plus approchant de l'or que le plomb, puisqu'en lui est la vie et le secret le plus secret de tous ; mais il ne s'agit pas de plomb ordinaire". Idem pour la marcassite, pour cette raison que la terre puante gagne en étincelles dorées, comme dit Morienus, elle est aussi comparée à l'arsenicum, à l'auripigmentum [144], et à la tucie [145]. Idem, quelques nombreuses choses qui ne sont pas du tout

---

[142] Plus vraisemblablement, lire "Crocum", mot latin signifiant "safran", mais aussi "crocus", plante dont les étamines produisent le safran, épice d'une couleur orange tirant vers le rouge.

[143] Le minium, pigment artificiel des plus anciens. Un texte chinois du Vème siècle av. J-C indique qu'on fabrique le pigment rouge à partir du métal, et certains affirment que sa production aurait commencé en Mésopotamie, avant même le travail du métal. Selon Pline l'Ancien et Vitruve, on le découvrit accidentellement lors de l'incendie d'une villa. Pline explique également que le blanc de plomb était chauffé dans des plats et brassé jusqu'au changement de couleur. À l'époque de Pline l'Ancien, le minium a désigné le cinabre (sulfure de mercure, HgS) puis le carbonate de plomb (céruse), d'où les fréquentes confusions entre céruse, minium, vermillon, cinabre. Au cours du Moyen Âge, le minium doit se rapprocher de la céruse. Le moine Théophile, à la fin du XIème siècle, décrit sa préparation à partir de la calcination de la céruse. Avec l'élaboration d'autres pigments, le minium va perdre progressivement son importance en peinture à la Renaissance. En 1688, Claude Boutet ne cite que le massicot, le jaune de plomb, dans le traité de peinture en jaune miniature. Le minium, appelé mine orange ou rouge de Saturne, reste cependant utilisé jusqu'en 1930. Non biodégradable, il est aujourd'hui utilisé comme antirouille, fongicide ou insecticide. Il peut provoquer le saturnisme.

[144] Se traduit par "orpiment" (sulfure naturel d'arsenic, jaune vif), mais cette acception risquerait alors de faire perdre de vue le sens de "or-pigment" (qui teint en or).

[145] Tuthie ou tucie. Ancien nom de la cadmie (oxyde de zinc).

Jnen nit fünden. Dann Jr crafft mert sich nit, sonder wirdet zu nicht, aber der Phi͂: Saltz, das da ein Tinctur ist, wie ander Sall alcalÿ, ausgezogen ist, von der Cörpern, also wirdet auh ausgezogen dis, von den Cörpern der Metall. Davon redet Senior also, Erstlich wirts ein Asch, darnach ein Saltz, und durch vilfeltige arbait wirdets zu letzt ein Mercurius Philosophorum. Aber vor allen ist Sallarmaticum das besst, und Edleste, das bestatt Aristotelus, Jm Puech von den Siben geboten, also sprechent Almisadir, das ist Sallaromaticum sol dir allain diennen, Dann, dasselb solvirt die Cörper, unnd macht sie waich, unnd Geistlich. Das will auch die Turba mit disen Worten. Jr solt wissen, das sich der Cörper nit Tingirt, Es seie dan das der Geist, welcher in seinem bauch verborgen ligt, ausgezogen werde, So wierts ain Wasser, unnd ein Cörper welcher geistlicher Natur ist. Darumb das sich das dick Jrrdische ding nit Tingirt, Aber das gerecht ist von dinner Natur. und ferbet, aber der geist der Wässerigen Natur, ist Tingirt, den in ein Elixier, und darumb das, aus in erzogen wirt, ist

mineralische Dingen: der Salz, Alaun, Vitriol, und die Anderen von vielerlei Eigenschaften. Vor allen Dingen warnt Alphidius uns und spricht: "Lieber Sohn, hüte dich von den Geistern, Körpern, und Steinen, die, als oben erzählt, tote sind, denn ist in ihnen keinen Weg, auch wirst du deinen Vorsatz und Anschlag bei ihnen nicht finden; denn ihre Kraft mehrt sich nicht, sondern wird zu nichts, aber das Salz der Philosophen, das da eine Tinktur ist, wie ein anderes alkalisches Salz, ist von den Körpern ausgezogen, also wird auch dieses von den Körpern der Metallen ausgezogen". Davon redet Senior also: "Zuerst wird es eine Asche, danach ein Salz, und durch vielfältige Arbeiten wird es zuletzt ein Mercurius Philosophorum". Aber vor allen ist Sallarmaticum das Beste, und edelste. Das stand im Aristotelus Buch "Von den Sieben Geboten", also sprechend: "Almisadir, das ist "Sallaromaticum", der soll dir allein dienen: denn löst dasselbe die Körper ab, und macht sie weich und geistlich". Das will auch die Turba mit diesen Wörtern: "Ihr sollt wissen, daß der

minérales, comme les quatre "Complexio"[146] : le "tiriae", le "basilisco", le sang, et pareilles choses superflues. Parmi les choses minérales : le sel, l'alun, le vitriol, et d'autres de toutes sortes de propriétés. De toutes les choses ci-dessus, Alphidius nous met en garde et dit : "Cher fils, méfie-toi des esprits, des corps et des pierres qui sont morts (comme mentionnés ci-dessus) puisqu'en eux il n'y a pas de voie ; aussi ne trouveras-tu pas ta résolution (motivation), ni d'indice, auprès d'eux, car leur force ne s'accroît pas mais tourne à rien, tandis que le Sel des Philosophes (qui est ici une teinture), comme un autre sel alcalin, est extrait des corps, celui-ci aussi est ainsi extrait des corps des métaux". Senior en disserte ainsi : "Premièrement, ça devient une cendre, ensuite un sel, et via de multiples travaux, ça devient enfin un Mercurius Philosophorum". Mais de tous, le Sallarmati-cum[147] est le meilleur et le plus noble. C'est ce qu'écrivait Aristote, dans le Livre des Sept Commandements, en disant : "Almisadir, c'est du Sallaromaticum dont tu te serviras uniquement, puisqu'il dissout de lui-même les corps et les rend doux et spirituels. C'est aussi ce que veut dire la Turba par ces mots : "Vous devez savoir que le corps ne se teint pas lui-même, à moins que l'esprit, qui réside caché en son sein, en soit retiré. Ainsi apparaissent une eau et un corps de nature plus

---

[146] Du latin "Complexio" : assemblage, union, agrégat d'atomes ou de matières diverses, mais signifiant aussi "dilemme" ou "conclusion d'un raisonnement".

[147] Probable altération de "sal aromaticum" (sel aromatique), ou de "sal armoniacum" (sel armoniac, aussi dénommé sel acrimoniac). Toutefois, ce pourrait aussi être une discrète allusion à l'harmonie (Lat. armonia, ou harmonia). En latin, "Sal" désigne aussi l'eau de mer (salée), mais aussi le bon mot raffiné, le bon goût délicat ou, au contraire, les propos mordants ou piquants !

ain Weisse, unnd Rote Fixion volkhomen ferbenden ein durchgeende
Tinctur die sich under alle Metall vermischen tut. Die volkomenhait der
gantzen Maisterschafft hanget an disem ainigen Puncten, das man den
Schwebel aus zeuch von den volkomen Cörpern, die haben den Fixen
Martem, Wan der Schwebel ist Jr Edlester, unnd Subtilister tail, Ein
Cristalin Saltz Sieß und schmackhafft, und ein Wurtzenlische
feüchtigkait, welche so sie stüend ain Jar im feuer, so wer sie albeg
wie ain zerganngen Wax, und darumb ein clainer tail erhörtt ein
grossen hauff des gemainen Queksilbers in ein warhafft gold.
Darumben die feüchtigkait, oder das wasser, das man auszeugeht den
Metalischen Cörpern, das wirt genent die Seel des Stains, oder
Mercurius, aber seine crefft werden genennt der geist, so es ein
Schwebliche natur ergreiffet, und die digen Erden ist der Leib, oder das
Corpus, die Quinta essentia, und die entlich Tinctur, unnd dise drei ist
ain ainiges ding, ainer ainigen Wurtzl, allain underschiedlischerr
Wurkung. und namen. der ding sein unzelich vil, unnd geet alles uber

Körper nicht sich tingiert. Es sei dann, daß der Geist, welcher in
seinem Bauch verborgen liegt, ausgezogen werde; so wird es ein
Wasser und ein Körper, welcher geistliche Natur ist". Darum das sich
das dicke erdige Ding nicht färbt, aber das gerechte ist von dieser
Natur und färbt, aber der Geist der wässerigen Natur ist denn in
einem Elixier gefärbt, und was wird hinaus erzogen, ist eine weiße
und rote Fixierung, vollkommen färbend eine durchgehende Tinktur,
die sich unter allen Metallen vermischen tut. Die Vollkommenheit
der ganzen Meisterschaft hängt von diesen einigen Punkten ab, das
zieht man den Schwefel von den vollkommenen Körpern, die den
fixen "Martem" haben, aus, wann der Schwefel ist ihre edelsten und
subtilsten Teil, ein kristallines süßes und schmackhaftes Salz und
eine wesentliche Feuchtigkeit, welche so sie stünde ein Jahr im
Feuer, so wäre sie immer wie ein zergangenes Wachs, und darum
erhöht ein kleiner Teil einen großen Haufen des gemeinen Quecksilbers
in einem wahrhaften Gold. Darum die Feuchtigkeit, oder das Wasser,

spirituelle". C'est pourquoi l'épaisse chose terrestre ne se teint pas elle-même, mais ce qui est adéquat est de nature plus fine et colore, mais l'esprit de la nature aqueuse est teinté, donc dans un Elixir, et c'est pourquoi ce qui en est produit est une fixation blanche et rouge, colorant parfaitement une teinture pénétrante qui se mélange à tous les métaux. L'accomplis-sement parfait de tout l'Œuvre dépend de ces quelques points : qu'on puisse extraire le Soufre depuis les corps parfaits qui ont le Mars fixe, lorsque le Soufre est leur partie la plus noble et la plus subtile, un sel cristallin doux et savoureux, et une humidité radicale qui, si elle devait demeurer un an au feu, serait encore telle une cire fondue. Et c'est pourquoi une petite partie exhausse[148] une grande quantité de mercure ordinaire en un or véritable. C'est pourquoi l'humidité, ou l'eau, que l'on retire des corps métalliques est dénommée l'Âme de la Pierre, ou "Mercurius", mais ses forces sont appelées "l'Esprit", ainsi prend-il une nature sulfureuse ; et les terres grossières constituent le corps, ou le "Corpus". Avec la "quinta essentia", et la teinture finale, ils forment à eux trois une chose unique, une unique racine, cependant de manifestation différente, et les noms des choses sont très innombrables et cela s'applique adéquatement à

---

[148] Jeu de mots ! Le verbe "erhören" signifier actuellement "exaucer" (un vœu, une prière). Ce sens ne convenant pas, nous l'avons, non sans facétie, converti en son homophone "exhausser" ("erhöhen"), car c'est bien d'une élévation, d'un ennoblissement, qu'il s'agit ici. Un ancien dictionnaire nous a fourni une acception plus rare : "céder à", qui est adéquate aussi ici.

ain ding und sein wie ain keten, Jneinander verglidt, also wann ains aufhöret, so fecht ain anders an.

**Jn disem Lesten** taill ist zuberrmerkhen die Tugent unnd Crefft diser Edlen Tinctur, die ein Thurn der sterkh ist wider Jre Feind, Und ist zewissen, das die alten Weisen vier Haubttugent in der loblichen kunst erfunden haben.     Zum Ersten machet sie den Menschen gesund von manicherlai krankhait.     Zum annder" macht sie volkomen, die Metalischen Cörper.     Zum driten, verändert sie alle unedele stain, Jnn Edle Stai".     Zum Vierten macht sie schmeidig ein Jedliches Glas. Vom Ersten sagen die Phï: So man in einnimbet, in einem Warmen trunk wein oder Wasser, so machts denselben zestunda" gesund, Paraliticum, Wassersucht, den Aussatz, Gelbsucht, Hertzzittern, Därmgicht, Fieber, Fallendsucht, den Grimen und vill annder passiones Jnwenndigs Leibs, Haist auch auswendige krannkhaiten, so man sie damit salbet, den ungefunden Magen, die schedlichen Fliß

das man den metallischen Körper auszieht, wird das die Seele des Steins genannt, oder "Mercurius", aber seine Kräfte werden "der Geist" genannt, so ergreift eine schweflige Natur, und die dicken Erden, das ist der Leib, oder das "Corpus", die "Quinta essentia", und die endliche Tinktur, und diese drei ist ein einiges Ding, eine einige Wurzel, allein unterschiedliche Wirkung und Namen der Dinge sind viel unzählige, und gehen über allen Dingen, und wie eine Kette sind, eine auf andere gekettet, also wenn eins aufhört, so fängt ein anderes an.

**In diesem letzte** Teil ist zu vermerken die Tugend und die Kraft dieser edlen Tinktur, die die Stärke eines Turmes wider ihre Feind hat; und es ist zu wissen, daß die alten Weisen vier Haupttugenden in der lobenswerte Kunst erfunden haben.     Zum ersten macht sie den Mensch gesund von mancherlei Krankheiten.     Zum zweiten macht sie die metallischen Körper vollkommen.     Zum dritten verändert sie allen unedlen Stein in edlen Stein.     Zum vierten macht sie

toutes choses qui, comme les maillons d'une chaîne, sont reliées les unes aux autres, afin que lorsqu'une se termine, une autre commence.

**Dans cette dernière partie**, il est à remarquer la vertu et la force de cette noble teinture, qui a la force d'une tour à l'encontre de son ennemi ; et il faut savoir que les anciens Sages ont découvert les quatre vertus principales dans l'Art louable. Premièrement, elle guérit les gens de nombreuses maladies. Deuxièmement, elle rend parfaits les corps métalliques. Troisièmement, elle change toute vile pierre en Pierre noble. Quatrièmement, elle rend malléable chaque sorte de verre. Du premier item, les Philosophes disent que lorsqu'on l'ingère dans une boisson chaude (vin ou eau), elle guérit, dans l'heure même, la paralysie, l'hydropisie, la lèpre, la jaunisse, les palpitations cardiaques, la colique (diarrhée), la fièvre, l'épilepsie, la colère et beaucoup d'autres pathologies corporelles internes (aussi dénommées maladies externes afin qu'on puisse les

nimbts hinwegg unnd alle menlancolia, unnd schwer muetigkait, unnd den Schnupfen, wendet auch alle Khrannkhait der Augen, es Confortirt das Hertz, bringet das gehör, macht guet zeend, bringt wider die erlembden glider, hailt auch die Apostemata, Unnd in Summa, man nembs ein, oder brings inn Salben, oder Pulver. Senior spricht, sie machet den Menschen frelich, auch Junggeschaffen, und behellt im sein Leib gantz Fraidig, frisch, unnd gesund, vor Innwendig, unnd auswendigen gebrechen, oder scheden, die beßsertz. Dann es ist ain Ertzenei, uber all andere Ertzenei. Hipocratis, Galem, Constantini, Alexandri, Avicenæ, und aller der ander" gelerten in der Artzenei. Man soll auch dise Artzenei albeg vermischen under ander Artzenei, oder wasser die der krankait entgegenkomen. Von der andern Tugent steet geschriben, das sie alle unvolkomene Metall veränder, und das ist offenbar. Dann ein Jedes das Silber ist, macht s Gulden. In der Farb, Substanß, gewicht, und bestand. Item an dem schlag schmeltzung, waich, und hertte. Vom dritten, steet geschriben, das

geschmeidig jedes Glas.     Vom Ersten sagen die Philosophen: "So man ihn nimmt in einem warmen Trunk ein (Wein oder Wasser), so heilt es innerhalb der Stunde, die Paralyse, die Wassersucht, den Aussatz, die Gelbsucht, die Herzklopfen, den Durchfall, die Fieber, die Epilepsie, den Grimm, und viele anderen Pathologien inwendig des Leibs, das heißt auch äußerliche Krankheiten, so salbet man sie damit, die unbestimmten Magenprobleme; die schädlichen Körperflüssigkeiten nimmt es hinweg und alle Melancholie (Schwermut) und den Schnupfen, wendet auch alle Krankheiten der Augen, es stärket das Herz, bringt das Gehör, macht gut die Zähne, bringt die gelähmten Glieder wieder, heilt auch die Abszesse, und, schließlich, nehmt man es ein, oder bringt es im Salben, oder Pulver". Senior spricht: "Sie macht den Menschen fröhlich, auch jünger, und behält ihm sein Leib ganz freudig, frisch und gesund, vor innerlichen und äußerlichen Gebrechen, oder Schäden, die verbessert es", denn es ist eine Arznei über allen anderen Arzneien (Hipocratis, Galem,

oindre avec), les problèmes gastriques indéterminés; on la prend pour éloigner les fluides nuisibles, et toute mélancolie, et le rhume, soulage aussi toute maladie des yeux ; elle affermit le cœur, rétablit l'ouïe, améliore la dentition, restaure les membres éclopés ou paralysés, guérit les abcès. Et, en résumé, on en ingère ou en introduit en onguents ou en poudre. Senior dit qu'elle rend l'homme heureux, et rajeuni, et le garde en son corps tout joyeux, frais, et en bonne santé, et améliore les infirmités (ou les dégâts) internes et externes, car c'est un remède supérieur à tous les autres remèdes d'Hippocrate, Galien, Constantin, Alexandre, Avicenne, et tous les autres érudits en médecine. On pourrait tout autant mélanger ce remède à un autre remède, ou à de l'eau, qu'il s'opposerait toujours à la maladie. Au sujet de la deuxième vertu, il est écrit qu'elle change tous les métaux imparfaits, et c'est évident. Puisque tout ce qui est d'argent, elle en fait de l'or, en couleur, substance, poids, et en état. Idem lors de la frappe, de la fonte, malléabilité et dureté. De la troisième, il est écrit que cette médecine

dise Medecin, alle Stain zu costlichen stainen macht. Jaspis, Jacingkh, Weiß, und Rot Coralln, Schmaragten, Crisoliten und Saphir, Item aus Cristalen Carfunkl, Robin, Thopasion, die gar vill bösser, und Crefftiger sein, dann die natürlichen. Sie tuet alle Edle, unnd unedle stain schmeltzen, und waich machen. Zum Vierten, So man dise Medicin tuet under geschmeltztes Glas, so lesset es sich schmiden, und in alle Farb verker". Das uberig mag ein Jeder klueger künstler durch Experientz erfaren.

Constantini, Alexandri, Avicenae, und alle die anderen Gelehrte in Medizin). Man solle diese Arznei auch unter anderen Arzneien (oder Wasser) vermischen, die der Krankheit solle entgegenstellen. Von der zweiten Tugend steht geschrieben, daß sie alle unvollkommenen Metalle verändert, und das ist offenbar, denn jedes, das Silber ist, macht es Gold, in Farbe, Substanz, Gewicht und Bestand. Item an dem Anschlag, Schmelzen, Weichheit und Härte. Vom dritten steht geschrieben, das diese Medizin aller Stein zu kostbaren Stein macht: Jaspis, Hyazinth, weiße und rote Korallen, Smaragd, Chrysolith und Saphir. Idem Karfunkel aus Kristall. Rubin, Topas, die gar viel besser und kräftiger sind, dann die natürlichen. Sie adelt alles, und tut jeden gewöhnlichen Stein schmelzen, und weich machen. Zum vierten, tut man so diese Medizin unter geschmolzenes Glas, so läßt es sich schmieden, und in alle Farbe verkehren. Das übrige mag ein kluger Künstler durch Erfahrung erfahren.

fait de toute pierre une pierre précieuse : jaspe, hyacinthe, coraux blanc et rouge, émeraude, chrysolite et saphir ; idem : escarboucle en cristal, rubis, topaze, qui sont bien meilleures et plus solides que les naturelles. Elle rend tout noble, et fait fondre et amollit les pierres viles. Quatrièmement, ainsi, en mélangeant cette médecine à du verre fondu, ce dernier peut se forger et se changer en toute couleur. Le reste, tout artiste avisé peut l'apprendre par l'expérience.

# Beschlus Rede.

Die Aller deuerste kunst und Trösterin der Armen, die Edl Alchimia
uber all Natürliche kunst, So die Mennschen Je auf Erden haben
mögen, ist zu achten ein gaab von Gott. Dann sie ist ofs allermaist in
manigfeltigen Sprichen, unnd figurlichen umbreden, und gleichnusen
der alten weisen verborgen.     Dann es spricht Senior der Phi: Es
wirdet ain verstendiger Mensch dise kunst, so er darnach gedenkhet
bald vernemen. So sein gemüet, und Sin, erleücht sein, aus den
Büechern der erkanntnus diser khunst.     Derhalben, der Weislich will
thun, der ersuech die weishait der alten Weisen, die sie Uebt, unnd geet
in behendigkait villerlai gleichnusen underschidung, unnd haimbligkait
der Sprüch, dardurch Jr hanndlung verborgen worden, unnd umbreden
der entratnus gegrundvesstig ist.     Dem nach zugedenkhen ist gar ain
Subtiller sinn, unnd denen allain so in disenn dingen verstand haben,
ist er ganntz leicht, unnd natürlich. Denen aber so der ding nit verstannd

# Schlussrede

Die alle teuerste Kunst und die Trösterin der Armen, die edle
Alchimie, über allen natürlichen Künsten, so die jeder Mensch auf
der Erde haben mag, ist eine Gabe von Gott zu betrachten; denn sie
ist oft allermeist in mannigfaltigen Sprichwörtern, und übertragenen
Reden, und Gleichnisse der alte Weisen verborgen.     Dann spricht
Senior der Philosoph: "es wird ein verständiger Mensch dieser Kunst,
so er daran gedenkt alsbald vernehmen, so sind sein Gemüt und Sinn,
aus den Büchern, durch die Erkenntnis dieser Kunst erleuchtet.
Deshalb, derjenige, der klug will tun die Suche der Weisheit der alten
Weisen, übt sie, und geht in Behendigkeit vielerlei Gleichnisse
Unterscheidung, und Heimlichkeit der Sprüche, dadurch ihre
Handlung verborgen worden, und die Reden (zu enträtseln) tief
eingewurzelte ist.     Jene, die einen gar subtiler Sinn haben, um
darüber nachzudenken, diesen allein haben das Verständnis dieser

# Discours de conclusion

La noble Alchimie, consolatrice des pauvres, le plus précieux de tous les arts, surpassant tout art naturel, qu'ainsi les hommes peuvent chacun avoir sur Terre, est à estimer comme un cadeau de Dieu, car elle est très souvent cachée dans de nombreux proverbes, dans des discours au figuré, et dans des paraboles des anciens Sages. Senior, le Philosophe, en parle : "Un homme devient perspicace en cet art s'il envisage d'aussitôt apprendre ; ainsi, son cœur et son esprit sont illuminés la connaissance de cet Art via les livres". C'est pourquoi celui qui veut agir sagement recherche la Sagesse des anciens Sages, l'étudie en pratique, et s'engage avec habileté et discernement dans toutes sortes d'allégories (et le secret de maximes) dont leur mise en action est gardée cachée et dont le déchiffrement du discours allusif est profondément fondé. Ceux qui ont un esprit très subtil pour y réfléchir, seuls ceux-ci trouvent la compréhension de ces choses totalement facile et natu-

haben, als auch Senior spricht ist nichts verächtlichers dann dise kunst. Wiewol in der Natur ist nicht kostlichers dann der dise kunst hat, Jst also reich als ainer mit Feuer, der ainenn Feuerstain hat, davon er feuer schlegt, unnd gibt wem, wievill, unnd wenn er will, on abganng des Stains. Also ist es zugeben oberflüssig reiches Gold. Sie ist auch aine" bösser dann alle khaufmanschatten, Golds, und Silbers. unnd Jre frücht sein besser, dann aller Welt guet. Dann warumb, durch sie wirdet volbracht, das da fürdert, lang lebe" unnd gesundhait, dann Jre Jungste frucht ist das warhafft Aurum, und der aller Crefftigest Balsam, und die allerr kostlich ist gab gottes, So die alten Weisen in der Natur mit khunst gewürcket haben *re*

Dingen gänzlich leicht und natürlich. Diejenigen, die aber kein Verständnis der Dinge haben, als auch Senior spricht, nichts ist verächtlicher als diese Kunst. Wiewohl in der Natur ist nicht kostbarer als der diese Kunst hat. Er ist also reich als einer mit Feuer, der einen Feuerstein hat, davon er Feuer schlägt, und gibt zu wem, so viel und wenn er will, ohne Abgang des Steins. Also ist überflüssiges reiches Gold zu geben. Es ist auch besser als alle Kaufmannschätze, Gold, und Silber, und seine Früchte sind der ganzen Welt am besten. Dann warum, durch sie wird vollbracht, daß da fördert langes Leben und Gesundheit, denn ist seine jüngste Frucht das wahrhafte "Aurum" und aller kräftigste Balsam und die kostbarste Gottesgabe. So haben die Alten Weisen in der Natur mit Kunst gewirkt.

relle. Par contre, pour ceux qui n'ont pas la compréhension des choses, comme dit aussi Senior, rien n'est plus méprisable que cet art. Pourtant, il n'y a rien dans la Nature qui soit plus précieux que celui qui possède cet Art : il est aussi riche que celui qui a du feu, qui possède un silex qu'il frappe et en extrait du feu, et le donne à qui il veut, autant et quand il veut, sans se départir de la pierre. Donc l'or fin superflu est à concéder. C'est aussi bien mieux que tous les trésors des marchands, que l'or et l'argent, et ses fruits sont les meilleurs du monde. C'est donc pourquoi, à travers elle, sera accompli ce qui favorise la longue vie et la santé, car son plus jeune fruit est le véritable "Aurum" et le plus puissant de tous les baumes, et le plus précieux don de Dieu. C'est ainsi que les anciens Sages ont œuvré dans la Nature avec Art.

# Annexes

# Les sources disponibles

L'original du Splendor Solis nous reste inconnu. Seules des copies sont parvenues jusqu'à nous, mais les experts s'accordent à dire que la source originelle est un manuscrit en allemand du début du XVI$^{ème}$ siècle.

- 1532-1535. Le plus ancien manuscrit, enluminé sur vélin, est conservé au Kupferstichkabinett (Cabinet des Estampes) du Staatliche Museen à Berlin sous la référence Handschrift 78 D 3. Rédigé en allemand. Nous n'avons pu le consulter. Epais de 41 pages, il est réputé incomplet, incluant toutefois de magnifiques peintures en couleurs et des lettres rehaussées d'or, très similaires à celles du manuscrit Harley 3469 reproduites dans notre propre travail. Quelques fragments épars sont disponibles via Internet, issus de fac-similés incorporés dans une très luxueuse édition limitée de 2005 (998 exemplaires), mais le document original est difficilement consultable. Page d'accueil : http://www.museumsportal-berlin.de/fr/musees/kupferstichkabinett/

- 1582, Londres, British Library, MS Harley 3469. Ce manuscrit anciennement détenu par la famille Harley est celui sur lequel se base notre traduction. Accessible en lecture page par page, avec les illustrations en couleurs, à l'adresse : http://www.bl.uk/catalogues/illuminatedmanuscripts/record.asp?MSID=7881&CollID=8&NStart=3469

- 1598. Parution de l'AUREUM VELLUS oder Guldin Schaß und Kunstkammer, imprimé à Rorschach (Suisse). Ce recueil de plusieurs textes alchimiques contient le Spendor Solis, dans une version différente de celle de Londres quant à la forme.

- 1610. Réédition du texte imprimé à Rorschach en 1598, inclus à la fin du *Promptuarium alchimiae*, par Joahim Tancke (Verlag Henning Grossn, Leipzig).

- 1612. Il s'agit d'une traduction en français, œuvre d'un anonyme connu par ses seules initiales L. I. Cette monographie imprimée fut éditée par Charles Sevestre (1585-162?), imprimeur-libraire à Paris. Les illustrations réalisées au moyen d'une sculpture sur bois étaient coloriées à la main. Une réédition eut lieu en 1613 avec des illustrations plus affinées. Copies conservées à :
  - Paris, Bibliothèque Nationale de France, dépt. Réserve des livres rares, RES-R-2709, accessible au format PDF à l'adresse : http://gallica.bnf.fr/ark:/12148/bpt6k5540981v
  - Paris, Museum d'Histoire Naturelle,
  - Paris, Bibliothèque de l'Arsenal,
  - Paris, Bibliothèque Sainte-Geneviève.

- 1708 et 1718. Rééditions du texte imprimé à Rorshasch en 1598, par Christian Liebezeit (Hamburg).

- Quelques autres exemplaires existent encore, tels ceux conservés à conservés à Paris (Bibliothèque nationale MS. allem. 113. XVIe), Berlin, Cassel, ou Nuremberg, mais nous n'avons pu les consulter.

# Die Schicklickeit

Le déroutant substantif "𝔖𝔠𝔥𝔦𝔠𝔨𝔩𝔦𝔠𝔥𝔨𝔢𝔦𝔱", présent dans l'ancien manuscrit sous différentes orthographes, n'existe plus aujourd'hui dans les dictionnaires. Même à l'époque de la rédaction originelle, ce mot a pu n'être que peu connu, puisque l'auteur nous précise dans le deuxième opuscule : "𝔲𝔫𝔡 𝔡𝔢𝔯 𝔖𝔠𝔥𝔦𝔨𝔩𝔦𝔠𝔥𝔞𝔦𝔱 𝔡𝔦𝔢 𝔰𝔦𝔢 𝔫𝔢𝔫𝔫𝔢𝔫..." (et la *Schicklichait*, comme ils l'appellent, ...), indiquant ainsi que ce terme ne devait pas faire partie du vocabulaire usuel mais se référait au jargon propre aux alchimistes.

De nos jours existe le substantif "Geschicklichkeit", signifiant "habileté, adresse, dextérité". Il y a probablement un peu de cette acception dans le mot qui nous intrigue, mais il ne peut s'appliquer tel quel dans la plupart des contextes rencontrés.

Ce mot "𝔖𝔠𝔥𝔦𝔠𝔨𝔩𝔦𝔠𝔥𝔨𝔢𝔦𝔱" est de toute évidence formé au départ de l'adjectif "schicklich", lequel se traduit aujourd'hui par : adéquat, correct, bienséant (séant bien) ou convenable (qui se comporte bien, qui convient, qui est adéquat). Le substantif correspondant actuel est "Verhalten" (comportement, conduite, attitude, manière d'agir).

Appliqué au domaine de la chimie, dans une de ses acceptions, "Verhalten" prend le sens de "réaction" (Chemieverhalten). Une réaction est en effet un comportement ; ce sens est donc celui que nous avons préféré. Toutefois, nous avons ci ou là traduit "𝔖𝔠𝔥𝔦𝔠𝔨𝔩𝔦𝔠𝔥𝔨𝔢𝔦𝔱" par "opération" lorsque le contexte laissait entendre qu'il ne s'agissait pas d'une unique réaction chimique mais plutôt d'une succession d'actes ou de situations évolutives considérées comme une unité circonscrite.

Confronté au même problème que nous, Bernard Husson, dans sa traduction publiée chez Retz en 1975 (Collection Bibliotheca Hermetica), a choisi de traduire ce mot par "disposition". Il s'en explique longuement en note de bas de pages 66 à 67, mais sans totalement nous convaincre :

[Dans la traduction de 1612 par L.I.], *Geschicklichkeit* est rendu inexactement par « doctrine » [...] Nous nous sommes tirés des difficultés que le contexte oppose, sous peine de lourdes périphrases, à la version de « savoir-faire, artifice », en recourant au vocable « disposition ». Il permet une extension commode du sens premier, littéral, et opérativement adéquat, en alchimie, car il s'agit d'un « tour de main » requérant adresse et savoir-faire, qui a pour objet tout à la fois une séparation puis une disposition relative de deux supports substantiels entrant en contact et dont l'interaction provoque l'apparition de phénomènes proprement alchimiques. L'auteur que la tradition nomme « Trismosin » apparaît bien comme un Philosophe initié au processus opératoire, auquel il fait des allusions précises, quoique voilées par de multiples considérations théoriques de peu d'intérêt et, surtout, très habilement masquées par des expressions que l'on est enclin à considérer comme « littéraires », alors qu'elles sont expérimentales. [...]

Bien que l'idée de "savoir-faire, artifice" soit ici ou là possiblement adéquate, nous n'adhérons donc pas à cette interprétation restrictive du texte original. Par contre, ce mot "disposition" introduit l'intéressant concept de "dis / position", position double, laissant entendre, probablement à l'insu de B. Husson lui-même, que notre mot-mystère est à envisager selon deux niveaux de lecture, touchant tant l'opérateur que l'œuvre, tant au niveau théorique qu'au niveau pratique, et tant sur le plan symbolique que sur le plan matériel. Une disposition, c'est aussi une attitude envers quelqu'un ou quelque chose ("être dans de bonnes dispositions"), ce qui renvoie au comportement de l'alchimiste et à son attitude intérieure, résultat de sa pratique tant au laboratoire qu'à l'oratoire.

"Schicklichkeit" représenterait donc une action/réaction/opération relative à la fois au monde physico-chimique et au domaine psychique et spirituel, effectuée comme il se doit, convenablement, adéquatement, avec habileté.

Anecdote : il est amusant d'observer que, phonétiquement, "schicklich" sonne comme "zyklisch" (cyclique), induisant une idée de cyclicité, de réitérations.

# Von der Regierung des Feuers

Le court texte repris sous ce titre nous est présenté comme faisant partie du quatrième opuscule mais semble toutefois avoir été intégré là faute de pouvoir le placer ailleurs. S'agirait-il d'un feuillet initialement séparé que les relieurs auraient incorporé à l'ouvrage afin de regrouper les textes du même auteur ? Bien qu'en rapport avec la partie précédente, il s'en distingue par son unité et forme une entité en soi. La présence d'un titre et d'une conclusion est l'indice que ce texte a pu être une synthèse isolée, se suffisant à elle-même, traitant du régime du feu.

Cette provenance particulière pourrait expliquer pourquoi ce texte est plus altéré que le reste de l'ouvrage. La traduction nous en a été difficile car il est manifeste que des mots manquent, et que d'autres sont estropiés. Comme si les copistes d'antan avaient tenté de reconstituer au mieux un document endommagé, sans nécessairement en comprendre le contenu.

Le texte du manuscrit Harley 3469 de Londres présente plusieurs différences importantes par rapport à l'édition de Rorschach. Cette dernière nous a quelquefois permis de combler les lacunes du manuscrit londonien, mais elle présente aussi d'autres anomalies qu'on ne retrouve pas dans le manuscrit, et qui rendent quelques phrases totalement incompréhensibles !

Pour cette raison, et afin que chacun puisse comparer les deux textes, nous vous proposons ci-après celui imprimé à Rorschach en 1598.

De telles différences apparaissent aussi ailleurs dans l'ensemble du *Splendor Solis*, mais heureusement moins fréquemment que dans ce court passage particulièrement exemplatif de cette problématique.

# Von Regirung des Feuers.

Volget vonn Regierung des Feurs / so ein ding der Hitz bereittet ist / so wirt kein bewöglichkeit der sein Ordung verwandlet sich der Natur in der Sonne / das ist sovil geredt / das Geistlich ist Leiblich gemacht / oder schön / unnd man sein zu hauffen kommen / von disen zweyen Planeten redet Senior also / ich bin ain Heisse und Druckne Sonn / unnd du Luna bist Kalt unnd Feucht / unnd so wir auff steigen werden / in der Eldlesten / so wirt uns eingossen ein brinnendes Liecht / das ist durch die Lehr / und Meisterschafft / der Alten / wirt empfangen die Ernewerung der Feuchtigkeit / unnd Sonn / unnd Mon werden durchleuchtig in scala phisicorum steht also vom Feur / die Hitz oder das Feur deß gantzen Wercks ist in einer enigen Form / dann es sprechen etliche / das die Hitz deß ersten Regiments solle sein als die Hitz einer Brüttenden Hennen / etlich sprechen als die Natürliche Hitz inn der Deuwung der Speis / unnd Narung deß Leibs etlich sagen als

# Von der Regierung des Feuers

Folgt bezüglich der Regierung des Feuers. So ein Ding der Hitze beraubt ist, so wird keine Beweglichkeit dort sein; Ordnung der Natur verwandelt sich in der Sonne; das ist so viel geredet, daß geistlich ist leiblich gemacht, oder schön, und man sein zu häufen kommen. Von diesen zwei Planeten redet Senior also. "Ich bin eine heiße und trockene Sonne, und du Luna bist kalt, und feucht, und so wir werden aufsteigen in der Edelsten. So wird uns ein brennendes Licht eingegossen, das ist durch die Lehre und die Meisterschaft der Alten, wird die Erneuerung der Feuchtigkeit empfangen, und die Sonne und der Mond werden Durchlaucht". In der "Scala Phisicorum" steht also vom Feuer : "Die Hitze, oder das Feuer, des ganzen Werks, ist in einer einigen Form, dann sprechen etliche, daß die Hitze des ersten Regiments als die Hitze einer ausbrütenden Henne soll sein; etliche sprechen als die natürliche Hitze in der

# Du régime du feu

S'ensuit, au sujet du régime du feu. Si une chose de sa chaleur est préparée[149], il ne peut alors s'y trouver aucune mobilité. L'ordre de la nature se transforme au soleil ; il est tellement dit que le spirituel devient physique, *ou bien on sont*[150] venus pour les assembler. De ces deux Planètes, Senior en discourt ainsi : "Je suis un Soleil très chaud et sec, et toi, Lune, tu es froide et humide, et, ainsi nous monterons parmi les plus nobles ; ainsi sera déversée en nous une lumière ardente ; c'est par l'apprentissage et la maîtrise des Anciens que sera reçu le renouvellement de l'humidité ; et Soleil et Lune deviennent illustres". Dans la "Scala Phisicorum", il est aussi écrit au sujet du feu : "La chaleur (ou le feu) de tout l'Œuvre est dans une forme unique [151]". C'est pourquoi beaucoup disent que la chaleur du premier régime devra être comme la chaleur d'une poule couvant ; beaucoup en parlent comme celle de la digestion naturelle de la nourriture et de l'alimentation du corps ; beaucoup

---

[149] Travaillant au départ de l'édition de Rorschach, ni Bernard Husson (1975) ni l'anonyme L.I. (1612) ne sont parvenus à rendre élégamment cette phrase énigmatique. Elle prend par contre un sens très clair dans la version "Harley MS. 3469", laquelle contient le verbe conjugué "beraubet" (dépouillé/e) au lieu de "bereittet" (préparé/e).

[150] Comparer ce groupe de mots incompréhensibles (Rorschach) "oder schön / unnd man fein" avec le très logique "oder Sonn. unnd Mon sein".(Soleil et Lune) dans le manuscrit Harley.

[151] Constatez que cette citation reprise dans le Rorschach dit l'exact contraire de ce qui est écrit dans le Harley !

die Hitz der Sonnen / so sie im Wider ist / wiewol der Stein auch ohne Würckung volbracht wirt / nicht destominder verendert sich die geschicklichheit / welche sein sol / ein linde und mässige Hitz / die soll wärmen biß die Materia sich schwerßt und sich in die Weisse verköhrt hat / unnd die wirt verglichen der Sonnen Hitz / wann sie im Wider ist / und anfacht zu sein im Stier / so die weisse erscheint / soll sie gemehrt werden / biß auff die volkomne Außtrukung oder Eschierung deß Steins / und die Hitz wirt zugleich der Sonnen Hitz / so sie im Stier / und auch zu sein im Zwyling / unnd wann nun der Stein gedrücknet / und geeschiert ist / so wirt das Feur widerumb gesterckt / biß er volkommen Rot / unnd mit königklichen Kleydern vom Feur gelediget ist / und dise Hitz wirt verglichen der Sonnen Hitz / wann sie im Löwen ist / das ist in der höchsten Würdigkeit irhes Hauses / daß sey nun gnug geredt / von der Regierung deß Feurs.

Verdauung der Speise, und die Nahrung des Leibs; etliche sagen als die Hitze der Sonne, so sie im Widder ist. Wiewohl der Stein auch ohne Wirkung vollbracht wird, nicht desto minder verändert sich die Geschicklichkeit, welche eine linde und mäßige Hitze soll sein, die soll wärmen, bis die Materie sich schwärzt, und sich in dem Weiß verkehrt hat, und die wird mit der Sonnenhitze verglichen, wann sie im Widder ist, und facht an im Stier zu sein; so erscheint das Weiß; sie soll gemehrt werden bis auf das vollkommene Austrocknen oder Einäscherung des Steins, und die Hitze wird zu vergleichen mit die Sonnenhitze, wenn sie im Stier ist, und auch in Zwillingen zu sein; und wenn nun der Stein getrocknet und eingeäschert ist, so wird das Feuer wiederum gestärkt, bis er vollkommen rot ist, und mit königlichen Kleidern vom Feuer angelegt ist, und diese Hitze wird mit der Sonnenhitze verglichen, wann sie im Löwe ist, das ist ihre höchste Würde ihres Hauses. Das sei nun genug von der Regierung des Feuers geredet.

la comparent à la chaleur du soleil lorsqu'il est en Bélier. Bien que la Pierre fut aussi accomplie sans opération[152], la dextérité[153] ne s'en changera pas moins, laquelle sera une chaleur douce et modérée qui chauffera jusqu'à ce que la matière se noircisse, et qu'elle ait blanchi, et qu'elle soit comparée à la chaleur du soleil lorsqu'il est en Bélier et s'attise pour aller en Taureau ; ainsi le blanc apparaît ; elle sera augmentée jusqu'à parfaite dessiccation, ou incinération de la Pierre, et la chaleur devient comparable à la chaleur du Soleil lorsqu'il est en Taureau, et aussi lorsqu'il va vers les Gémeaux. Et lorsque, maintenant, la Pierre est séchée et réduite en cendres, ainsi le feu sera à nouveau renforcé jusqu'à ce qu'elle soit parfaitement rouge et, par le feu, soit revêtue d'habits royaux, et cette chaleur devient comparable à la chaleur du Soleil lorsqu'il est en Lion, soit dans sa plus haute dignité, en son Domicile. Qu'il en soit maintenant suffisamment dit au sujet du régime du feu.

---

[152] Même contradiction ici : "𝖉𝖚𝖗𝖈𝖍" (par, au moyen de) est remplacé par "𝖔𝖍𝖓𝖊" (sans), ce qui altère complètement le sens de la phrase. Erreur due à un original mal lisible, ou falsification volontaire ?

[153] Le mot "Geschicklichkeit" (habileté, dextérité, savoir-faire, adresse) remplace ici l'énigmatique "Schicklichkeit" présent dans le manuscrit de Londres, laissant penser qu'en 1612, les imprimeurs de Rorschach sont eux aussi restés perplexes quant à la signification de ce mot dans ce contexte (voir Annexe 2).

# Salutio

En page 77 du manuscrit de Londres nous trouvons le mot **Salutio**.

> **Derohalben haists ein schmelßung ober Inceratio, unnb bise schmelßungunnb bise schmelßung geschichet mit bem Wasser ber Phy: Welches ist aigentlich bie Sublimatio, Phye: Salutio, bann burch sie wirt bie Hertte Truckhenhait veranbert in ein waichung bie trucken ist, Unnb also ist ausgezagen bie Quinta essentia, unnb absonnberung ber Element.**
>
> C'est pourquoi on l'appelle fonte (fusion) ou Inceratio, et cette fonte a lieu avec l'eau des Philosophes, laquelle est la Sublimatio à proprement parler, la Salutio Philosophique, puisque par elle est transformée l'intense sécheresse en un adoucissement qui est sec, et est aussi extraite la Quinta Essentia, et la séparation des éléments.

On s'attendrait à lire "Solutio", à traduire simplement ce mot par "solution", et à imputer cette variation à une erreur de transcription due à l'inattention du copiste, mais ne serait-ce pas aller un peu vite en besogne que de faire ce choix sans vérifier si la variante n'était pas *délibérément* allusive ?

Certes, il existe bien le nom latin *solutio, -onis*, signifiant :
1. Dissolution, décomposition (d'un corps) ;
2. Solution (d'un problème) ;
3. Dévoiement ;
4. Affranchissement, aisance, liberté ;
5. Paiement.

Plusieurs de ces significations pourraient avoir du sens ici, puisqu'une dissolution (au sens chimique actuel) concerne la décomposition, la désagrégation des corps, qui est, sous maints aspects, en rapport avec la fonte dont il est question dans ce

paragraphe, quoique le chapitre traite plutôt de calcination. Intéressant aussi est ce sens de "solution d'un problème", puisque le paragraphe traite d'une méthode produisant un résultat dans un domaine par nature difficilement compréhensible. Le sens de "dévoiement" attire lui aussi notre attention, puisque les alchimistes ont toujours tendance à égarer les curieux, les dilettantes et les envieux sur de fausses pistes. Enfin, notons ce sens de "liberté, affranchissement, libération" qui n'est pas sans rapport avec le but ultime de l'Alchimie.

Toutefois, "Salutio" pourrait tout aussi bien dériver d'un autre nom latin : *salus, -utis*, signifiant :
1. Bon état de santé corporelle, guérison ;
2. Bien-être, avantage, bonheur ;
3. Salut, sauvegarde, vie sauve (devoir son salut à), mais aussi moyen de ce salut : ressource, remède ;
4. Salut (vie éternelle) ;
5. Salutation (action de saluer), bonjour, compliment.

Hormis ce dernier sens de salutation courtoise qui se rapporte aux civilités, prétendre que ces significations seraient sans rapport avec l'idéal alchimique serait faire preuve d'ignorance !

Constatons encore que ce mot *salus* contient la racine *sal, -is* signifiant :
1. Sel ;
2. Eau salée, eau de mer ;
3. Bon mot, finesse de style, saillie, propos piquant ou mordant ("qui ne manque pas de sel").

Or, le Sel n'est-il pas précisément un des concepts les plus fondamentaux des alchimistes, avec le Mercure et le Soufre ? Ne devons-nous pas envisager que le mot 𝕾𝖆𝖑𝖚𝖙𝖎𝖔 puisse faire allusion à ce fameux Sel ?

Aussi, de proche en proche, notre réflexion nous conduit à nous intéresser aussi à ce mot latin très proche du précédent et dont il pourrait dériver, *salum, -i*, signifiant :

1. Pleine haute mer ;
2. Agitation marine, roulis, et (fig.), agitation (mentis salum = agitation de l'esprit).

La pleine haute mer est évidemment un immense réservoir d'eau salée ; c'est aussi le milieu dans lequel les formes de vie ont prospéré en premier au départ d'une soupe de protéines dont la fluidité a permis la rencontre et l'assemblage en organismes de plus en plus complexes.

Et connaissez-vous l'expression "Mer des Philosophes" ?

Quant au sens figuré associé à l'agitation marine, l'agitation de l'esprit, n'est-ce pas précisément l'objet des ouvrages d'Alchime que de perturber le raisonnement logique et de déstabiliser afin de permettre l'émergence d'un paradigme alternatif ?

Quoiqu'il en soit, que ce mot 𝕾𝔞𝔩𝔲𝔱𝔦𝔬 résulte d'une erreur de copiste ou de la volonté initiale de l'auteur, il est un excellent exemple de la manière dont les textes alchimiques traditionnels poussent à la réflexion en jouant avec les mots, en codant plusieurs significations en un seul, nous incitant à en "extirper la quintessence"...

# L'oiseau Orsam

En 85<sup>ème</sup> page du manuscrit Harley 3469, on lit ces quelques lignes énigmatiques :

> **Hermes** der Philosophi Vater redt also davon. Ich hab achtung gehabt auf einen Vogl Welchen die Philosophi Orsam nennen derselbig fleugt, so es im Wider Krebs und Waag, oder Stainbockh ist, unnd du wirdest dir den selben Ewigelich uberkhomen, aus rechten Mineralien, und Cosparn gebürg, seine taill solt du taillen, Unnd besonnder das nach der tailung überbleibet, und so die Erde Complexionirt ist, und vil farben in Ir sichest, Nennet sie der Weis Man Ceram Sapientie & Plumbum.
>
> **Hermès**, le père des Philosophes en parle aussi ainsi : "J'ai eu l'attention attirée par un oiseau que les Philosophes appellent Orsam , qui vole pareillement lorsqu'on est en Bélier, Cancer et Balance, ou Capricorne, et tu pourrais même t'en emparer pour l'éternité, le recevoir des vrais minéraux et des précieuses montagnes ; sa partie tu devras diviser (et particulièrement ce qui reste après la division), et ainsi la Terre est complexifiée, et tu apercevras de nombreuses couleurs en elle". L'homme sage l'appelle "Ceram Sapientie" et "Plumbum".

Orsam, aussi orthographié Orsan dans d'autres versions, quel étrange oiseau cela peut-il être ?

D'ordinaire, lorsqu'en Alchimie il est question d'oiseau, soit on évoque une substance *volatile*, soit on fait allusion à la "langue des oiseaux", ce langage particulier qui permet l'envol des lettres, des mots, et des pensées libérées des exigences littérales pour, par jeux d'associations, laisser apparaître des sens cachés.

*Orsam* pourrait être l'anagramme de *Rosam*, le nom de la Rose (en latin, décliné à l'accusatif). Cette fleur symbolise l'idéal mystique à atteindre, auquel se réfère évidemment l'expression *Rose+Croix*.

La façon dont cet oiseau vole, tantôt dans un signe zodiacal et tantôt dans un autre, pourrait être une discrète clé de compréhension, car Bélier, Cancer, Balance et Capricorne se répartissent dans le Zodiaque d'une façon bien précise : la Croix cardinale.

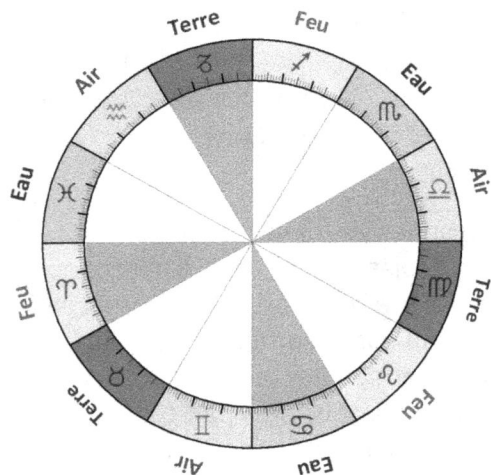

Cette carte montre qu'à chacun des quatre signes cités correspond une qualité. Au Feu fougueux du Bélier s'oppose la tempérance de l'Air de la Balance ; à l'humidité du Cancer s'oppose la siccité terrestre du Capricorne.

Cette correspondance entre les quatre signes zodiacaux cardinaux et les quatre éléments en produit une autre si l'on prend la peine d'examiner la Nature, notre environnement vivant, pour en découvrir les éléments constitutifs basiques.

A l'élément Terre s'associe la matière carbonée. Le carbone est la pièce essentielle de la chimie organique, puisque ce corps simple est le premier à offrir potentiellement quatre liaisons avec d'autres atomes. Positionné dans la colonne IV du tableau de Mendeleïev où il porte le numéro 6, le carbone peut s'associer tant aux éléments des trois colonnes qui le précèdent qu'aux trois autres qui le suivent.

A l'élément Feu correspond évidemment l'oxygène. Pensons aux ravages de l'oxydation (rouille, vert-de-gris, combustion...) et à l'importance des antioxydants pour lutter contre le vieillissement. L'oxygène nous est indispensable mais brûle nos tissus organiques. En absence d'oxygène, comburant par excellence, toute combustion cesse. Tout pompier vous le confirmera.

A l'élément Air, associons alors l'élément le plus abondant de notre atmosphère, l'azote, qui en représente un peu plus de 80 %. Par sa présence, il atténue l'effet comburant de l'oxygène. Il entre dans la composition des meilleurs engrais, aidant ainsi à la croissance des végétaux.

A l'élément Eau, nous ne pouvons associer que l'hydrogène, le plus petit et le plus simple des atomes chimiques, dont l'étymologie du nom ramène aux racines grecques signifiant "engendre l'eau". Les eaux primordiales qui virent apparaître les premières formes animées vont de pair avec l'hydrogène primordial, l'atome le plus abondant dans l'univers, le premier, le plus élémentaire, portant le numéro 1 dans la table de Mendeleïev.

Par ce jeu de corrélations, nous constatons que l'oiseau Orsam du Splendor Solis nous renvoie indirectement aux quatre éléments principaux de la chimie organique, à savoir : C H O N (acronyme mnémotechnique proposé aux étudiants en sciences du vivant).

Dans son "*Traité élémentaire de Chimie*" (1789), au chapitre intitulé "*De la décomposition des Matières végétales et animales par l'action du feu*", Antoine Lavoisier déclare : "*Les principes vraiment constitutifs des végétaux se réduisent à trois : l'hydrogène, l'oxygène et le carbone. Je les appelle constitutifs, parce qu'ils sont communs à tous les végétaux, qu'il ne peut exister de végétaux sans eux*". Plus loin, il observe que les matières animales sont semblables, mais contiennent plus d'hydrogène et d'azote.

Carbone, hydrogène et oxygène constituent à eux seuls les glucides et les lipides (sucres et graisses), et l'azote s'y ajoute pour permettre la formation des protides (protéines). Ces quatre atomes simples représentent à eux seuls environ 96 % de la masse d'un corps humain.

Toutefois, ces considérations physico-chimiques bassement terre-à-terre seraient sans intérêt pour les étudiants en Alchimie si elles n'attiraient pas l'attention sur la capacité de ces quatre éléments simples à servir d'intermédiaires entre l'énergie vitale primordiale – qu'ils nomment "Esprit" – et la matière qu'ils ambitionnent de vivifier.

# Remerciements

Impossible de conclure sans remercier tous ceux qui nous ont aidés à concrétiser cet ouvrage.

A commencer bien sûr par tous les traducteurs, professionnels ou non, qui par leurs conseils ou leurs recherches documentaires, nous ont permis de déchiffrer le manuscrit de Londres, de dénicher les significations oubliées, les mots rares ou anciens disparus des dictionnaires actuels, et même – pire encore ! – de repérer les doubles sens et les jeux de mots que l'auteur initial avait volontairement glissés dans son texte.

Remercions aussi les passionnés d'Alchimie qui nous ont éclairés sur les tournures usitées dans ce domaine aujourd'hui mal connu, sur les pratiques anciennes, sur l'évolution du sens des mots, sans lesquels il nous aurait été impossible de transposer en langage actuel les concepts exprimés au XVI$^{ème}$ siècle.

L'aide d'ouvrages de référence nous a souvent été utile, à commencer par de bons dictionnaires. De plus, Internet regorge désormais de traducteurs en ligne. La plupart sont peu performants et nous ont causé quelques mémorables fou-rires ! Mais rien n'est perdu, car tout évolue et ces outils s'améliorent au fil du temps. Par contre, d'autres traducteurs en ligne, bien plus pointus, se sont révélés d'une rare pertinence, moins dans le cas de phrases entières mais surtout dans leur offre des multiples acceptions d'un même mot. Sans pouvoir les citer tous, voici ceux qui nous ont le plus fréquemment aidés, et que vous-mêmes pourriez apprécier :

| | |
|---|---|
| Langenscheidt | http://fr.langenscheidt.com |
| Pons | http://fr.pons.com/traduction |
| DeepL | https://www.deepl.com/translator |
| Larousse | http://www.larousse.fr/dictionnaires/allemand-francais/ |
| Systranet | http://www.systranet.com/fr/fr/translate |
| Baylon | http://dictionnaire.babylon-software.com/allemand/ |
| Reverso | http://context.reverso.net/traduction/allemand-francais/ |
| | http://www.reverso.net/text_translation.aspx?lang=FR |
| | http://conjugueur.reverso.net/conjugaison-allemand-verbe-geben.html |

N'oublions pas d'aussi mentionner ces documents plus anciens, certes moins interactifs, mais non moins précieux lorsqu'il s'agit d'explorer les anciennes manières de s'exprimer en allemand :

Lexilogos        http://www.lexilogos.com/allemand_ancien.htm

ALTDEUTSCHES WÖRTENBUCH, par Oscar Schade
        https://books.google.fr/books?id=79oFAAAAQAAJ

DICTIONNAIRE ALLEMAND – FRANÇOIS
        https://books.google.fr/books?id=QMNRAAAAcAAJ&pg=PA1

UNDINGERS SCHWÄBISCH WÖRTENBUCH (Souabe – Allemand actuel)
        http://www.undinger.de/dictionairle/schwaebisch/wort/1812/dempfig/

Et encore ces autres indispensables :

LEXICON ALCHIMIÆ        https://books.google.be/books?id=BhIOAAAAQAAJ

LATIN – FRANÇAIS (F. Gaffiot)        http://www.lexilogos.com/latin/gaffiot.php

Que tous, y compris ceux que nous ne pouvons citer ici, soient remerciés pour leur collaboration tout au long de ces dix-huit mois de travail collectif enthousiasmant.

# Table des matières

Achevé d'imprimer : Avril 2018.
Dépôt légal : D/2018/Jacques Antoine, éditeur

www.ingramcontent.com/pod-product-compliance
Lightning Source LLC
Chambersburg PA
CBHW072228270326
41930CB00010B/2045